戦国時代大全

時代考証家
稲垣史生

はじめに——戦う武士達の姿にあらわれた赤裸々な人間像

私は雪深い北陸の、小さな町の商家に生まれたが、骨董好きの父が買った武者絵の六曲屏風が、うす暗い土蔵の二階にあったのをなつかしく思い出す。

高窓からさし込むほんのりとした雪明りに浮かぶ、屏風の中の美しい甲冑姿の若武者たちは、合戦の華やかさと哀しさを、しみじみと幼い私の胸に刻みつけてくれた。

仕事に行きづまりそうになると、いつも私は屏風の中の侍たちを思い出した。そしてすぐに、合戦絵巻の世界へもどることができたのだが、今、この本をまとめ終えても、まだ陣具太鼓や旗指物が目の前にちらついてならない。

さて、武者絵や合戦絵巻というものは、ただ美しいだけのものではないように、正直なところ私には思えるのである。華麗の極致にある「哀愁」といったものを、武将や若武者の表情の中に見出せないであろうか。はなばなしい彼らの出陣や合戦中の姿には、人間葛藤の哀しさがにじみ出ているような気がするのだが……。

その意味では、むき出しの人間そのものを、いちばん戦国武士の姿にとらえやすいということもいえるのではなかろうか。文学、映画、テレビなど、そのために戦国武士を登場させる場合が多いと思うのだが、そんなときに、この本が、さながら俳諧における「歳時記」のような役割を果たしてくれたら、私の願いは達せられたというべきである。

思えば生家の土蔵には、まだ武者絵の屏風がある。私の父は正八位の元在郷少尉という堅い人で、その影響下に土蔵の武者絵を見て育ったことが、私を武家の研究に走らせたのかも知れない。

稲垣史生

もくじ

二章　武士の生活もののしり11の考証
――どういう制度のもとでどう行動していたか

三章　戦国風俗ものしり11の考証
――激動の時代に揺れ動いた男と女の人間模様

四章　戦略・戦術ものしり11の考証
——乱世ゆえに生まれた陰謀奇略

五章　城の攻防ものしり13の考証

――一国の運命を賭けていかに秘術をつくしたか

六章　忍者ものしり6の考証
――この時代はどこを向いてもスパイだらけ

七章　武器・武術ものしり18の考証

――刀、弓矢、鉄砲の使いこなし方から謎の新兵器まで

八章　合戦場ものしり17の考証
——修羅場だからこそあらわになる人間性

九章 実録・合戦例ものしり6の考証
――戦国時代を象徴する名将・知将の戦いぶり

本文イラスト・徳永　功

一章

戦国武士道ものしり8の考証

——下剋上がなぜ生まれ、広がっていったか

●「建武の式目」で弱体化をゴマ化した足利幕府

戦国の侍がどんな暮らし方をしたか、それを描き出すのは容易なことではない。室町幕府はすでに権威を失い、武家生活を律する力もなければ、将軍家が作り出した室町文化も、何ひとつ武士の生活様式に影響を与えなかった。武士は各地の大名・豪族を中心に、異なった生活様式と生活感情で生きていた。そこになにかの共通点を見出し、こうだと全体を推論することはむずかしく、そして危険である。

戦国武士には日誌をつける時間的余裕も、またそういう教養もなかった。その生活記録がなければお話にならない。

が、ただひとつ、戦場でも家郷に帰休するときでも、つねに彼らを内部から強く規制していたものがある。それは戦国の武士道にほかならない。

武士道は武士の基本道徳として、武士の発生以来、長い伝統を築きあげてきた。支配階級としての誇りと尚武《しょうぶ》観念から、地域や家風を超越した、内面的な共通の道徳観を育ててきたのである。

この同じ道徳観に立つ生活と生活感情なら、公約数的にこれが武家生活といってさしつかえはあるまい。とすればその基盤となる、戦国武士道の実体をつかむことが先決問題でなければならないはずだ。

ややさかのぼれば、武士道は武家抬頭の

源平時代、武勇と名誉の尊重や仁愛、ひいては武士の情けを徳目として発生した。武士たる者はこれらの道徳を身につけ、戦場でも家郷でも、おのれを律すべきものとしたのである。

鎌倉時代にはさらに、忠節や質素という徳目が加わって室町時代へ持ちこしている。

ところで、この室町時代の足利幕府は、諸国の守護や大名の利害と力の均衡上に、ようやく乗っかっているにすぎない。家柄による権威もなく、所領による経済力もなく、まったくの弱体政権であった。それだけに幕府は、人心収攬《しゅうらん》のための政治的ビジョンを高く謳った。そして武士の美徳や良心に訴え、それを幕府の支柱たらしめようとした。幕府の基礎法典たる「建武式目」に、あきらかにそれを見ることができる。武士の在り方について、

「倹約を旨として淫楽にふけらないこと。名誉を重んじ礼節を尊ぶこと。賄賂はもっともいけないことである」

など、それまでの武士道の徳目を、この式目に総まとめした形である。

が、いったい、法文に謳うということは、幕府の願望であるとともに、当時の武士がその逆傾向にあったことを語っている。私生活の贅沢や綱紀の弛緩があり、戦国の乱脈が顔をのぞかせていたともいえよう。ともあれ「建武式目」は、戦国時代の武士道に多くの示唆を与えている。

●完璧な将軍をつくるための奇策「佞坊《ねいぼう》職」

足利幕府は将軍の権威を高め、同時に武士道を鼓吹するため、必死であらゆる手段を用いた。室町の柳営《りゅうえい》（幕府）に「佞坊」という、奇妙な職制ができたのもそのためである。

三代義満将軍は、のちに「日本国王」などと名乗ったが、生立ちはあまり恵まれていなかった。幕府の基礎はまだ固まらなかったし、諸国に戦乱の絶えまがない。わずか十歳で将軍職に就いたが、老巧な執事、細川頼之がいなければ、元服まえに野心家どものため抹殺されていたにちがいない。

頼之は義満をまず理想の将軍に仕立てようとした。威厳と武勇と正義感と……すべてを兼ね備えた指導者にである。そんな完璧な将軍さえできあがれば、幕府は盤石《ばんじやく》となり、世はおのずから治まると思った。

そこで幼い将軍に、佞人をさげすみ、華美を厭うべきを教えるため、佞坊職を幕府に新設した。これは文字どおり上にへつらうゼスチャーをする役で、はじめ六人を任命した。

その名は本阿弥・随阿弥など阿弥号で、したがって頭は丸坊主だった。にもかかわらず、一法師は緋緞子《ひどんす》の羽織に朱鞘の太刀を佩《は》き、他の法師は猩々《しょうじょう》緋《ひ》の袖をつけ、狸皮の袴をはくという異装だった。

これらの悪法師どもは日々洛中を横行し、

酔っては通行人に乱暴を働き、嘘をつき、讒言《ざんげん》をいい、強い者には媚びへつらう。逆に弱い者をゆすり、賄賂は取りほうだいである。

市民はその悪行を憎んだが、なにしろ天下御免の佞坊なので、道を避け、見て見ぬふりをした。が、腹の中ではその醜状をあざけり、よい笑いものにしたのである。

頼之はこのさまを幼将軍義満に見せ、心の底から佞人をさげすむよう仕向けた。同時に、賄賂や華美の憎むべきことも教えたのである。のちに華美な金閣寺を建てた義満に、この奇策がどれほど有効だったかは知らない。が、将軍への訓戒は一般武士への戒めでもあり、室町武士道の作興に幾分か寄与したことは否めまい。

●「下剋上」が生まれた原因は足利幕府のお粗末さにあった

ところで室町も中期、足利将軍家の相続問題をきっかけとして争われた応仁の乱(一四六七)以後の戦国期には、武士道もがらりと変貌する。

足利将軍は源氏といっても、早く傍流となったため、諸国にいる同格の武将を支配せねばならなかった。そのため武将に戦功があると、気前よく領地を与えて歓心を買った。

というわけで、しぜん、足利家自身の領地はきわめて少なかった。だいたい荘園と郷村で六十ヶ所といわれるが、その程度では配下の一守護と変わりがない。したがって動員兵力も、やっと一守護と対抗できるにすぎなかった。つまり守護たちの勢力均衡のうえに乗っているだけで、バランスが崩れたらたちまち転落というあぶない存在であった。

これを逆に武将側から見れば、とくに足利家と血縁があるわけではなし、服従といっても表面だけのことになる。武勇や名誉や忠誠心など従来の武士のモラルは身につけていたが、それらを捧げる対象として、足利将軍はあまりに疎遠で、そのうえお粗末であった。

守護や大名が当面欲したのは、自己勢力を庇護してくれる、中央からの強力なにらみだけであった。そのにらみのきかない将軍なら、忠誠の対象にはなり得ない。今川了俊は『難太平記』で、その心事を露骨に述べている。

了俊は建徳二年（一三七一）から二十五年間、鎮西探題在任中、菊地や島津を討伐して偉功を立てた。将軍義満のとき召還されて駿河の守護となったが、応永七年（一四〇〇）叛意ありとの疑いで幕軍の追討を受けた。結局は隠退することで許され、それからは和歌や著述に日を送ったインテリ武将である。了俊はその著書で、

「自分は当御所（義満将軍）からとくべつの恩恵は受けていないが、武士として忠義

は当然のことだから、九州では全力をあげて戦った。そのため数百人の一族、家人を失ったが、幕府からかえって冷たい目で見られて、けっきょく、守護職まで失ってしまった」

と恨んでいる。一守護の勢力が強まり、均衡の破れるのを幕府は恐れたのだ。したがってこんな時代には、武士も身の処し方がある。その点を『難太平記』にはっきりと、

「人はその身に応じた忠義をすべきである。過度の忠義はかならず恨みが残るからだ」

と書いている。鎌倉時代からの忠誠観に、このとき以来変化が生じたのである。忠義もほどほどにしなければ損をする。また中央のにらみが利かないのなら、信ずるのは自分の力だけではないか。その視点から、守護や豪族は幕府などどうでもよく、もっぱら自家の勢力結集に血道をあげた。その守護や豪族の家中でも、またおなじ観念で被官（下役）たちも力をたくわえ、こうして将軍家——守護家——被官の順で、自然に核現象のごときを起こしていった。つまり「下剋上」の下地ができつつあった。

●戦国時代は非情なまでに徹底した能力主義社会だった

斯波《しば》家は足利幕府の管領《かんれい》で、さらに越前・尾張・遠江の守護を兼ねる実力者であった。

現地には守護代がいて領内を治めたが、越前にいた守護代は家来の朝倉敏景である。応仁の乱が起きたとき、斯波家は西軍についたので、敏景も京へ出ておおいに戦った。ところがそのあいだに、斯波家中のライバルにだいぶ越前を食い荒らされた。が、とくに主家から労らわれもせず、また助けられもしなかった。

ちょうど今川了俊のような苦盃をなめ、頼むはおのれの力のみと覚った。そこで帰国して他の荘園をかすめ、実力をたくわえたのち、東国へ寝返ることで越前守護の公職を獲得した。主家を押しのけて、実力で大名にのしあがったのである。

その朝倉敏景が、経験から割り出した家法が『朝倉敏景十七箇条』である。戦国武将家にはたいてい家法はあるが、敏景家法はその第一、第二条によって有名である。

その第一条は、

「朝倉家においては宿老《しゆくろう》を定むべからず。その身の器量、忠節によって申しつくべきこと」

というのである。すなわち朝倉家の家老職は世襲であってはならない、人物本位、手柄本位で任命せよという。

その第二条には、

「親がその職にいたからとて、無器用の人に隊長や奉行職をやらせてはならない」

とあり、これまた前例にこだわらず、能力しだいで人材を登用せよというのだ。徹

底した能力主義で、主家の守護職を簒奪《さんだつ》した敏景にして、はじめていい得ることばである。

さらに、朝倉家法は第九、第十条でいう。

「奉公人のなかに、たとえ不器量、不調法の者がいても、事に誠実ならば使い道はある。が、忠実でもなく、押出しもよくない者は召抱える価値がない」

「忠実な者と不誠実な者を、いっしょに扱っては、戦場でどうして戦意があがろうか。かならず差をつけるべきである」

すなわち前条では、侍として無能力な者は雇わないといい、後条では一軍の戦意昂揚のため、不誠実な者は排除するとはっきりいっている。非情な能力主義がむき出しなのである。いいかえれば、利用価値があれば働かせるが、そうでない者に用はないのだ。そう割り切らねば、武士は生きてゆけなかった時代である。

とにかく以上のように、鎌倉武士道で最高の徳目だった「忠義」は、室町中期以後にひたむきな献身行為ではなくなった。主君側でも能力本位、利用価値しだいで家来を使った。

君臣間の情誼は薄れ、支配者に実力がない場合、被支配者が容赦なくこれに取って替わる風潮を生じた。すなわち「下剋上」が本格化したのである。

● 強さプラス行政手腕が武将の理想像だった

応仁の乱で足利幕府が有名無実となるや、地方では朝倉のように守護代以下の被官が、かってに所領や荘園を略奪して主君の地位を奪った。以来、力だけがものをいう戦国百年の世が続く。理非善悪をいう間はなく、すべてを戦で処理するのである。

戦だからまず武勇が求められる。源平武士道でそれが第一の徳目だったように、勝たねばならぬ戦国時代でも、重要な徳目であることに変わりはなかった。強いことが第一条件である。数ある戦国武将の「家訓」には、すべて武芸をたしなむべきことを書いている。

だが下剋上の戦国時代、強いだけが武将の必要条件ではなかった。家来から地位を狙われないためには、彼らを心服させるだけの器量が要る。器量とは人柄や才能――いわゆる〝大将の器〟かどうかをいう。下からの突きあげは被官だけでなく、百姓一揆のこともある。その場合、武将は有能な為政者たることが必要条件であった。つまり源平武士道の武勇に、プラス行政手腕ということになる。

戦場で申し分のない大将でも、領国で苛《か》斂《れん》誅求《ちゅうきゅう》して酒びたりになるような武将は落第である。『甲陽軍鑑』に、家をつぶす四種類の大将をあげている。第一にばかな大将、第二に利口すぎる大将、第三に臆病な大将、第四に強すぎる大将である。

第一、第三は説明するまでもないが、第二の利口すぎてもだめな理由は、感情的で気移りがはげしいこと。邪欲が深いために、功臣に知行を与えるにも、名目石高より少ないところを与えたりするからである。

第四の強すぎても不可とする理由を、『甲陽軍鑑』はつぎのようにいっている。

「強すぎる大将は心猛けく、目はしが利き、弁説もさわやかで才ばしっている。それゆえ弱味なことを嫌い、家老の意見も十のうち、三つも取り上げればいいほうで、ばかをいうなと、たいていは採用にならない。したがってわがままな思案が多く、ために思わぬ敗北を招くことが多い」

というのである。つまり独裁の結果、誤った方向へ突進して家をつぶす大将である。

理想の大将というのは、ばかでなく臆病でなく、利口すぎず強すぎない人物ということになる。戦国だからすごい豪傑型や、勝つために手段を選ばぬ知将型がいいのかと思うと意外にもそうではない。極端な性格やタイプでは、かならず戦略、治国に破綻を来たす。心から家来を心服させ、領民を安住させるには、角のとれた円満な武将でなければならないというのだ。

朝倉敏景の同族教景《のりかげ》は、

「武者《いくさふ》は犬ともいえ畜生ともいえ、勝つことが本《もと》にて候」

といった。勝つためには犬といわれようと畜生と罵られようとかまわぬというのだ。

また『兵法雄鑑』には、しゃにむに勝つ方法として偽りの降伏をし、敵を城内へ引き入れて討てという。白旗をかかげて敵に近づき、不意討にしろとも教えている。

が、これはいけない。卑劣な方法で勝ったとしても、部下を心服させることはできない。

犬とも畜生ともいわれて勝った大将は、かならず最後には敗退している。

これとは逆に、ライバル武田信玄に塩を送った上杉謙信は、事柄自体は利敵行為だが、家中を心服させたプラス面は大きかった。謙信のみならず名のある大将が、戦略上いわゆるファイン・プレーを演じたのも、対敵意識よりむしろ対家中意識のほうが強かったといえるかもしれない。完全に家来や領民を心服させて、はじめて守護や戦国大名の地位が確定するのであった。

当時の武将の理想像は、見るからに頼もしく、頼り甲斐のある人物ということができよう。それは支配者や一軍の大将ばかりでなく、一般武士にもいえることであった。伊勢貞頼の『宗五大双紙』に次の一節がある。

「奉公人でとくべつ利口なのは軽率でいけない。また血気の勇者、仁義の勇者ということがある。仁義の勇者こそ望ましく、血気強力の勇者はなんとも好ましくない」

というのである。すなわち戦乱の世というのに驍勇《ぎょうゆう》一点張りを嫌っている。武士道の最大徳目たる「武勇」の、いちじるしい内容の変質であった。

●個人の手柄より集団の勝利が優先した

ところでこの変質はどうして起こったか？　一言でいえば集団戦になったため、他の集団との調和が必要となったからである。武士の任務たる戦争は、応仁の乱を境にがらりと様相を変えた。集団戦闘への移行と、鉄砲の伝来がおもな原因である。

源平以来の合戦は、地方豪族を中心に三百か五百の一族郎党の単位で戦われた。これらの小部隊同士、何々党や何々一揆と号して連合することはあっても、主将の命令は徹底せず、全軍の統制はほとんど取れなかった。同じ部隊のなかでも一騎駆け、抜け駆けが行なわれる自分本位の戦闘方式であった。

ところが応仁の乱で戦が大規模になったため、親族的な小部隊は、組織的な大勢力のまえに淘汰されていった。大部隊同士がぶつかるため、主将の統制力と、戦術の巧拙が勝敗を左右することになった。一騎討の個人戦闘や、組打などの腕力戦から知能戦へ飛躍したのである。

この集団戦、知能戦も、鉄砲の渡来によって三度変貌した。三千挺の鉄砲を持つ織田勢が、無敵を誇った武田の騎馬隊を長篠戦で壊滅させた。その大勝により、以後の野戦にひとつの方式を生み出したのである。

すなわち布陣には、前方から鉄砲組、弓組、長柄《ながえ》（槍）組、騎馬武者の四段に構える。そして、敵との距離が二、三百メートルに迫ったとき、鉄砲を発射することで戦端がひらかれる。鉄砲組が撃ち終え、距離が五十メートルに接近したら、入れ替わりに弓組が前面へ出て矢をあびせる。さんざん射すくめ、それでも屈せぬ敵が二十数メートルまで進んで来たら、こんどは長柄組がとって替わって突きまくる。槍の長さは四、五メートルもあり、離れていて戦えるから有利である。こうしてさんざん痛めつけたあと、最後に騎馬隊が突入して勝負を決するのである。いかにも合理的な組織戦闘であった。

ところでこの戦闘方式では、全軍が一糸乱れず行動しなければならない。一騎駆け、抜け駆けなど、統制を乱す者がいては総崩れとなる。そこできびしい軍令が発せられ、違反者は容赦なく罰せられた。天正六年(一五七八)三月、徳川家康が駿河の田中城を攻めたとき、大須賀小吉が抜け駆けで一番乗りをした。これを聞いて家康が怒り、小吉に切腹させたのがよい例である。

個人的な手柄より、集団の勝利が先決である。個人の力は物の数ではなく、集団を生かすことが自分を生かすことであった。集団内にしか武士の生きる道はない。とすれば、自己と集団との調和を考えずにはいられず、ここに団結心が生まれるのは当然であった。

集団にはもちろん統率者が要る。が、この場合の統率者は、血族的ではなくむしろ相互利用上の主従であった。源平以来の血族的な総領と家臣による浪花節的な主従ではない。もっと切実で、現実的な相互生存上の結びつきであった。

すなわち集団員は首長に献身する義務を負い、首長は団員を扶持する責任があった。いわばドライな双務協約による集団である。またその首長も、戦乱にもまれてのし上がった実力者ゆえ、素質満点の者が多かった。徳川家康も毛利元就《もうりもとなり》も、さして有力な家柄の出ではない。が、首長たる素質があったことと、地理的にも、団結の必要な家臣団に擁せられていたがために、名君の誉れ高い首長にのし上がったのである。

団結の固さの見本として、よく徳川の家臣団があげられる。家康がまだ今川家の人質だったころ、三河にいる家来たちの苦労は言語に絶した。

三河の収穫はほとんど今川家で取りあげて、家康譜代の者にはほとんどくれない。家臣たちは餓死の一歩まえの状況にまで追詰められ、りっぱな武士も鋤鍬《すきくわ》を取って田を耕すありさま。今川家の武士だといえば、ひたすら低姿勢で機嫌をとるばかりである。もし機嫌を損ねるようなことがあれば、人質の家康にどんな災いがふりかかるか知れなかったからである。

だが、その惨憺たる辛苦のあいだにも、三河武士は団結を崩さなかった。苦境に立つごとに、ますます家康を中心に団結した。そうしなければ織田、今川に挟まれて、生きる道はなかった。そこに美しい主従の情誼が、あらたに生まれたことも自然である。根底にあるのは相互利用の主従関係だが、その土壌に花咲いた君臣の情愛といおうか。

足利前期に一時後退した「忠義」の徳目が、下剋上の戦国時代にも、限られた大名家のなかでは美しく輝いていた。息を吹き返した忠誠心には、強じんな筋金が通っていたということができる。

●当時の武士はなぜ「体面」だけを重んじたか

集団の力をフルに発揮するために、個人はよくそのなかに溶けこまねばならない。つまり朋輩とうまく協調することで、集団が生き、おのれもまた生きることができる。統率者はその協調に苦心した。そして相互融和を図るには、上下のけじめや一定の作法が必要であることを認めた。

それまで武士は、奈良、平安時代の儒教系作法を、公卿にまねて身につけていた。が、礼式の基準たる身分が、公卿のように宿命的でなかったため、武家時代に入っておおいに乱れた。足利幕府は将軍の権威のため、伊勢、今川、小笠原の諸家に命じ、礼法の復活を急いだが成らず、下剋上の世となって礼観念はまったく失われた。

しかし新時代の統率者——諸大名は統率上の必要から、独特の武家作法を編み出そうとした。家法はそれぞれ成文化されたが、よい例に武田家の『信玄家法』がある。それには、

「行儀作法を正しくせよ。作法が正しくてはじめて命令が行なわれ、そうでなければ命令が出てもだれも従わない」

といっている。礼作法を相互協調の基本とし、家中秩序の根源だと強調しているのである。

ではいったいその作法とは、具体的にどんなことか？『甲陽軍鑑』に、誤って同

僚の刀に足がふれた場合をあげている。

なにか座敷で会合があったとき、そんな不作法をしたらすぐ慇懃《いんぎん》に手をつき、親友であろうとなかろうと、三度も手をついて、

「失礼仕った」

と謝るのである。すると相手も、

「いや、それでは痛み入る」

と、謝る手をいただくふりをせよ。それが武士のたしなみだというのである。

これならなんのトラブルも起きまい。重ねていうが、それほどおたがいの融和をたいせつにしたのである。

しかしこの内部的勘忍は、それだけ外部へ向かっては強く作用した。もし他集団の者が刀に触れたのならたいへんであった。武士の魂を足蹴にしたと、それこそ決闘ものであった。おのれの不名誉はおのれ一個の不名誉ではなく、集団全体の不名誉として許せなかった。失われた名誉回復のため、命をなげうっても惜しいとは思わなかったのである。

永禄三年（一五六〇）四月、武州忍《おし》城主の成田長泰は、上杉謙信の嚮導《きようどう》として小田原攻めに参加していた。上杉方の総勢十一万五千、謙信は途中鎌倉に立ち寄り、上杉憲政の譲りを受けて関東管領の職についた。その就任式が鶴岡八幡宮で行なわれたが、長泰は騎乗のまま謙信を鳥居近くに迎えた。それが謙信の目にとまり、

「無礼者！」

と恥辱の一鞭をふるった。

長泰はこの仕打ちに奮激した。馬上の出迎えは八幡太郎義家のときから、代々成田家が許されてきたことである。成田家の名誉が傷つけられた。その夜のうちに長泰は忍城へ帰り、全滅を覚悟で籠城した。その反抗にだれひとり不服をいう者もなく、謙信の大軍を待ち受けた。さいわい謙信の反省によって事なきを得たが……。

さて、以上が戦国武士の在り方である。生きるための必要から、強力な団結心が養われた。そこまではいいのだが、その度がすぎて共同体内部の批判を気にするようになった。戦場での進退はもちろん、日常の一挙手、一投足に至るまでこだわった。個人の恥は集団の恥――ここに武士の「体面」観念が生じ、なにごとにつけ体面を持ち出すようになった。

体面とは世間に対する面目である。体裁であり、見栄である。源平以来の名誉との違いは、体面が虚飾的で表面的なのに対し、名誉の尊重は深い内面的な美徳である。名誉は純一性に満たされていて、取りつくろいのないのが大きな相違点である。

●戦国武士道を象徴する「馬糞汁」奇談

ところでこの体面へのこだわりが、やがて江戸時代の「武士の一分《いちぶん》」思想を生むのだが、ここでは愉快な〝体面奇談〟をひとつあげておくことにしよう。

時は永禄五年（一五六二）二月二十八日、武田信玄が武州松山城を攻めたときのことである。米倉丹後の嫡男彦次郎は、城の間近で奮戦中、敵弾を腹に受けて倒れた。弾丸は右腹から斜めに背へ抜けている。従者にかつがれて後退中、味方のひとりが傷どころをあらためて言った。

「安心せい。この傷にはかならず治る妙薬がある」

「妙薬！　教えてくだされ。ぜひそれを飲ませたい」

と彦次郎の従者が頼んだ。すると相手は奇怪なことを言いだした。

「それには蘆毛《あしげ》の馬の糞を、水にとかしてのませれば治る。馬は蘆毛。よいな」

と念を押すのである。あまり科学性はないが、このままでは死ぬ重傷なので、とにかく従者はその妙薬を探すしかない。戦場だから馬は多く、したがって馬糞に事欠かないが、蘆毛の馬の生産物という限定がある。が、それでも従者は蘆毛の馬を見つけ、その尻からポトポトと半固体の妙薬が落下する現場をとり押さえた。

で、まだ湯気の立つ新鮮な奴を、水に溶かして彦次郎のところへ持って来た。

「さあ若様、一気にきゅーッとおやりなさいまし」

と、真剣に従者はすすめるのである。

彦次郎は見た。妙薬の正体は色と匂いですぐわかった。とたんに彦次郎は顔をそむけてことわった。

「これをのめば傷が治り、生きのびて凱陣できるかもしれない。だが生き残ったとて、命惜しさに馬糞汁までのんだと人にいわれては、武士としてはこれ以上の恥はない。そんな生恥をさらすより、ここで死なせてくれ」

というのである。人に後指をさされるのがつらい。その感情はとりも直さず、共同体内部の批判を恐れてのことである。個人の恥は集団の恥、死しても武士の体面は汚さぬというのだ。まこと「体面」を語るにぴったりの実例である。ここで彦次郎が体面に殉ずれば、ひととおりの美談として残るには残る。が、この話には先がある。かんたんにつけ加えておこう。

彦次郎が馬糞汁をことわって死を待つところへ、隊長の甘利左衛門尉《あまりさえもんのじょう》がやって来た。そして言うには、

「死ぬことだけが武士の勤めではない。できるだけ生き永らえ、主君のため働くのが武士の道ではないか。この大義に比べれば、馬糞飲みの汚れなぞ一時的なもので問題にならない。それともこの妙薬、にがくてのめぬというのなら、わしが味見をしてくれよう」

と、いきなりゴクンとひと口のんだ。

「うーん、甘露甘露というわけにはいかんが、なかなか乙な味じゃぞ」

と、またふた口、三口……舌鼓まで打っ

てみせたので、意気に感じて彦次郎も目をつぶって一気にのみほした。あーらふしぎ、のんだとたんに鉄砲傷がふさがり、やがて元気を回復したというのだ。ネタ本は『甲陽軍鑑』だが、重要なのは次の五行である。

「甘利左衛門尉その歳二十九なれども、彦次郎にねんごろにせしを見て、諸人感心して、父備前におとらぬ名誉の人かなと讃えぬ者はなし。甘利の下の同心、被官、涙をながして左衛門尉になじみ候」

というのである。

自分の体面をかなぐり捨て、みずから馬糞汁をのんで部下を助けた。この崇高（?・）な行為に、配下の者が心服したさまがよくわかる。この隊長のためなら、命も惜しくないと思ったであろう。戦国武士道の全体にあてはまる、好個のエピソードとしてあげておく。

二章

武士の生活ものしり11の考証

――どういう制度のもとでどう行動していたか

●新規採用の武士はなかなか出世できなかった

合戦はめまぐるしいほど度重なった。そのため多くの軍兵が必要である。そこで、諸大名は競って在野の人材を掘り起こした。野心を抱く者にとって、これはまたとないチャンスである。豊臣秀吉や、一介の油売りから美濃国（岐阜県南部）の領主にのしあがった斎藤道三《さいとうどうさん》は言うに及ばず、他の時代ではとうてい望むべくもない立身出世の例は無数にあった。

武勇・兵法にすぐれた者はもちろん、築城技術者、鉄砲鍛冶、物資調達の名人など、なんらかの才能をもつ者は引く手あまたであった。直接戦に関係はなくても、美男ならいつか使い途はあると召抱えた朝倉家のような例さえある。

が、だからといってだれでも雇うというわけではない。家臣の採用には、厳重な審査が行なわれた。いつ寝首をかかれるかもしれない下剋上の世相から当然であろう。

まず、新規採用には、寄親《よりおや》、つまり自分が面倒をみてもらっている地方豪族などの推せんが必要であった。さらに、身許保証書も欠かすことのできない書類であった。

これらの書類をそろえたうえで、大名自身の面接を受ける。「見参《けんざん》」とか「目見《めみえ》」というのはこの面接試験のことである。これに合格してはじめて主従の盃を交わすことになる。

しかし、これで召抱えというわけではない。しばらく試用期間がある。そのあいだの忠勤ぶりが認められて、はじめて正式に召抱えられる。現代の就職過程に似た点がないでもない。

ただし、このような新規召抱えの者は、よほどのことがないかぎり、奏者や諸奉行、また㊙書類を扱う祐筆などにはなれない。重要なポストのほとんどは、大名の血縁や代々仕えている譜代の者によって占められている。

「血のつながりしか信用しない」という戦国思想がむき出しであった。

●美童の小姓も戦では勇敢な戦士だった

ところで、戦国武士は、まず平時どのような制度のもとで働いていたのであろう。いうまでもなく、統一政府がないのだから諸家まちまちである。おまけに、たえず合戦があったので、平時の機構と戦時編成がごっちゃになり、どれがどれだかまとめにくい。諸大名に共通する役職をあげれば、ざっと次のとおり。

まず、大名の最高補佐役として、宿老もしくは大家老と呼ばれる要職があった。その下に、家老、中老、若家老があり、この四役を総称して「家老中」略して「老中」と呼んだ。基本政策や人事を司るのが老中の職務である。もちろん、宿老、家老は大名の近親者、中老も家柄によって就任した。若家老だけはおおむね実力本位で選ばれていた。

この老中が打ち出した政策を、忠実に実行する機関が奉行である。町奉行、勘定奉行、寺社奉行など、のちに江戸時代の三奉行として有名になったものも、すでに戦国時代に存在していた。このほか、おもな戦国大名に共通する奉行職には、いまの税務署長にあたる段銭奉行、憲兵にあたる横目奉行、裁判官の公事奉行などがある。その他の諸奉行は大名家によって違うが、相撲好きの信長など、武術奨励の意味もあって相撲奉行という変な奉行をおいていた。

家老や奉行のほかには、使番、目付、小姓などの諸役があったが、ここでは大名の側近で、ちょっとややこしい近習と小姓を取り上げておこう。

近習というのは、大名の身辺警固に当たり、また日常の相談相手をつとめる役。青年もしくは壮年者で、武芸、才智にすぐれた者がえらばれる。

これに対して小姓は、大名の身のまわりの世話をする。たとえば食事や衣服、結髪などに奉仕した。いわば社長秘書ということになるが、献身的な点で大きなへだたりがある。おまけに水もしたたる美童ばかりであった。つぎのエピソードがそれを物語っている。

いまの静岡県内にあった高天神城が徳川

家康に攻め落とされたとき、城主の栗田刑部が寵愛していた小姓、時田鶴千代が討死した。その首を徳川方が持ち帰ったとき、陣中では男の首か女の首かで議論沸騰したという。女性に見まちがえられるほど鶴千代は美しかったのである。

が、そうかといってお小姓は、すべてなよなよした女々しい存在ではない。いったん戦陣に加われば、勇敢な戦士として働いたのである。

大坂の陣のとき、徳川方の森権太夫という十六歳の小姓が、先鋒の部隊へ使いに走った帰りのことである。急に小便がしたくなった。ところが、あまりに鉄砲の撃ち合いがはげしかったので下馬できない。といって馬上で出るものではない。そこでしかたなく、鉄砲を撃ちかけてくる城に向かって、「しばらく撃ち方をやめてくれ。小便がしたいのだ」と大音声に叫んだ。すると城方は待ってくれたので、すぐ下馬して小便をすませ、「かたじけない。さあ、打て」とあいさつしたという。戦を中断させて小用を足すほど、放胆で余裕をもっていたというわけである。

この小姓や近習のほかに、大名側近に仕える咄衆《はなししゅう》という役職もあった。主君の戦場ストレスをときほぐすため、肩のこらない話相手をつとめるのが役目である。詩歌などに通じた教養人、風流人がえらばれることが多く、秀吉に仕えた細川幽斎などが有名である。

●武士の一日は午前四時から始まった

戦に明け暮れる戦国武士の日常生活とは、いったいどんなものであったのだろうか。北条早雲が家臣にあたえた家訓『早雲寺殿廿一箇条』がその疑問にやや答えてくれる。こうあってほしいという、武士の公私両面の生活がこまかに記されていて興味ぶかい。

まず最初に目をひくのは、早寝早起きのすすめである。「夕べには五ツ（午後八時）以前に寝しずまるべし」とある。早寝すれば、灯油の節約にもなるし、夜盗の忍び入る子丑の刻（午後十二時〜午前四時）まえに熟睡しておけば、用心もよくなるというわけである。朝の起床時間はわれわれ現代人にはちょっと考えられないほど早い。すなわち、寅の刻（午前四時〜六時）には起きてそのまま出仕しろというのである。辰巳の刻（午前八時〜十二時）まで朝寝坊しているようではやる気なしと見なされてしまう。

このような早寝早起きの習慣は、油の貴重な時代に当然ではあるが、家訓に取り入れて武士の奉公精神と結びつけた点におおいに意義がある。

早寝早起きに加えて、戸締まりや火の用心にも気をくばれとある。野盗より敵への警戒のためだ。門は六ツ時（午後六時）にはしめろとある。しょっちゅう屋敷内を見回って、塀や石垣のこわれた所はすぐ修理せよ。犬のくぐり所でさえ、せんさくしてふさぐべきである。また、台所など火元も、女房や家来にまかせず自身でたしかめる必要があるなどと「廿一箇条」にはある。

いや、こんなささいな事より、大名によっては武術と同様、意外なほど学問を奨励した。戦国武将の最終目的は、なんといっても京へ上って天下に号令することだ。そのため公卿に劣らぬ教養が必要だったし、武辺一点張りでは部下を畏服させることはできない。それゆえ大なり小なり学芸を身につけようとしたし、部下にもそれをすすめた。歌道もそのひとつであった。太田道灌など、武将で歌人はおどろくほど多い。

天文二十三年（一五五四）、今川義元が北条氏康と戦ったときのことである。義元は、家来のひとりに先鋒部隊の様子を見てすぐ戻って来いと命じた。その家来が先鋒に着くとすでに合戦ははじまっていてなかなか戻れない。仕方なく戦って首をひとつ取って戻ると、義元は激怒した。すぐ戻れといったのに合戦に参加したのは命令違反だというのである。が、その家来は、とっさに藤原家隆の、「刈萱《かるかや》に身に入む色は無けれども見て捨難き露の下折」の一首を詠みあげた。先鋒の様子を見に行った自分が、命令違反をしても戦わざるを得なかったことをこの歌に託したわけである。これを聞いた義元は、その教養の深さに感じて怒りを解いたということである。

この話にみられるように、高い文化に憧れ、そのため教養を身につけようと戦国武士は励んだ。文武両道にすぐれ、人間味豊かな武士を〝花も実もある侍〟という。

諸大名の家訓は、このほか着衣や結髪などこまかい身だしなみの点にまで及んでいる。およそ、平時は規則正しく、かつ健全な毎日を送り、合戦時に備えていたものと思われる。

●武家の「作法」は乱暴で自由奔放だった

前章で述べたように、奈良、平安時代に生まれた公卿の礼式作法は、下剋上のこの時代にまったく通用しなくなった。室町幕府は自家の権威と秩序維持のため、武士の作法を復活させようとした。伊勢家、今川家、小笠原家に、新しい武家作法の作製を命じたが、直接戦力に関係ない礼儀作法など諸大名は見向きもしなかった。

有力な大名はそれぞれ、自分たちの作った新しい礼観念で、時代にマッチした作法を創り出した。その成果が、まえの項で述べた『早雲寺殿廿一箇条』や武田信玄の事績を主とする『甲陽軍鑑』のなかにみられる。

これらの新しい作法は、なにかのびのびした自由奔放さに満ちている。が、洗練されないやぼったさ、武家気質の荒削りな感じは強い。なかには、礼をつくして相応の答えがないとき、相手を討ち果たしてもよいという乱暴な作法もあった。礼をつくすとはどのようなことなのか、『甲陽軍鑑』に出ている例を引いてみよう。

座敷などで酒をくみかわしているとき、「まあ一杯」などと盃をすすめられることがある。こんなとき、相手がどんな仲の悪い人物でも、いんぎんに受けてのむべきである。遺恨のあったことも忘れて盃をすすめ、相手が断ってもむりにのませてしまってよい。いっぽう、盃をすすめられた人は心ならずも断ったとしても、いったん断ったからにはぜったいにのんではいけない。こういうときは、おたがいの言い分は五分と五分であるから、結着は相手を討ってつけるのである。

まったく特別な場合だが、明快な割切り方といえばいえなくもない。

また、こんな作法もある。

自分は馬に乗っていて、歩いている知り合いに出会ったら、馬から降りてあいさつしなければならない。仲が悪い場合も用心のため降りたほうがよい。逆に、自分が歩いているとき、乗馬姿の知り合いを見つけたら、物かげに隠れるのが礼儀である。なぜなら、相手に馬から降りる労をとらせないためである。もしこちらに気づいて相手が馬から降りたら、うちとけたあいさつを送り、あぶみをおさえましょうなどというのが礼儀である。

自分に気づいているのに馬に乗ったままでいるという無礼な相手なら、むりに引き降ろそうとせず、心中ひそかに軽べつしておけばよい。逆に、馬に乗ったままでいるほうは、もし「降りろ」と言われても降りる必要はない。降りるほどなら相手を討ち果たせばよい。

　ここでもまた、「討ち果たせ」でケリがついている。

●「まず一献」とは三杯飲めということ

『早雲寺殿廿一箇条』を見ると、いったいに「人の善悪みな友による」と、友人関係を重視している。親友は手習い学問の仲間からえらび、碁や将棋などの遊び友だちからえらんではならない。とかく遊び友だちというのは、気が合ったように見せながら大事なときには逃げるものであるとしている。

ところで、友人や他人の家を訪れたとき、酒が出るのはいつの世でも同じこと。親しき仲にも礼儀ありである、このときもそれなりの礼をつくさねばならなかった。だいたい、つぎのように処するのが当時の武士の作法であったと思われる。

「酒を出しますよ」という合図に、まず盃が出てくるのがふつうである。この段階で遠慮して帰るのはいけないこととされている。盃が出てしまったら、かならず一献のまねばならない。室町以降、一献というのはほぼ三杯のことだから、「まずは一献」と言われたら三杯のむわけである。そのうえにすすめられたら、二献でなく三献のまねばならない。というのは、二献のむのは首実検のときの作法だからである。下戸の人やのみたくない人は、盃が出ないうちにはやばやと帰らねばならない。

この作法は、今川家の編さんした『今川大双紙』によったもので、他家の例がすべてこれに準じていたとは断定しがたい。ただ、少なくとも当時の武士の平均的な生活を想像する手助けにはなりうるだろう。ついでに、当時の食事の様子が想像できる作法を、この書から二、三拾ってみよう。

まず、強飯《こわいい》を食べるときは、はしですく

い上げ、左手に移して手で食べる。

客が粥に汁をかけて食べたら、もう食べないという合図だから、ごはんをすすめてはいけない。

このほか、『奉公覚悟之事』には、「ごはんは盛ってあるまん中のほうから食べはじめるべきである」などと、一見、こっけいと思われる作法もある。どこからはしをつけようと同じみたいだが、れいれいしく書いたところは、むりに権威づけようとしたあと歴然である。粗野な成り上がり者の知恵といえよう。

●手柄の多さで席順が決まっていた

会議の場合の席順は、現代でもプライドに関する大問題である。まして、武士の体面がぶつかり合うことの多い戦国では、いっそういろいろな面倒が起こったのではないか。侍大将など役付きは別にして、平の侍は会議などのときにどのようにして席順を決めたのか。縁戚関係や長幼の順で決まったように思われるが、じつはそうではない。

記録によると、上杉家などでは、老若を問わず手柄の多い者から上席につくのがしきたりであった。実力が優先する戦国の世相から考えれば、これが妥当な決め方ではなかっただろうか。上杉謙信のころになると、父為景以来の「感状」、つまり戦功のあった者に授ける賞状を多く持つ者が上席を占めるという、伝統というべきものがすでにできあがっていた。感状が同数の場合は領地の多少で決め、それでも結着がつかない場合は初めて年齢で席順を決めたという。

が、それでもトラブルは起こるもので、つぎのようなエピソードが残っている。

謙信の居城である春日山城下の寺院で会合があったとき、まず第一の上座には侍大将の柴田内膳、次が長尾小四郎と、ふたつの上席はすんなり決まっていた。三番め以降は感状の多少で席次を決めるのである。そこで、森出雲守という六十余歳の老武者が、感状を二十三通も持っていたので、三番めということになった。ところがそこへ槇伊賀守《まきいがのかみ》という侍が遅れて入ってきて、はるか末席にすわったのである。これも腕におぼえのあることで有名な侍なので、居あわせた者はみな、「伊賀殿はそんな所へすわるお方ではない、出雲殿の次におすわりくださいとすすめた。ところが――。

槇伊賀は一同に挨拶してからつぎのように言った。

「出雲殿は先君以来の感状を二十三通までお持ちの由を承っている。しかし私も謙信公にお仕えし、感状を二十一通いただいている。そのなかでも、越前勢とのいくさでは、一日のうち十三度のせり合いがあって十一度も一番槍をつとめた。そのときは甲冑《かっちゅう》をつけた侍を九人も討ち取り、〝天下無双〟と書いた感状もいただいている。

感状の数では私は出雲殿より二通少ないが、手柄ずくで言うなら私のほうがすぐれている。なぜなら、まず〝天下無双〟の感状は、ふつうの感状の五、六通分に当たるだろう。それに、出雲殿のは半分以上が先君より頂戴なさったものである。同じ感状でも、なかなかくださろうとはしない謙信公の感状は百倍も千倍も値打ちがある。

ただしこれは自分の言い分であって、出雲殿にも言い分がござろう。そしてまた、出雲殿は上杉家代々の臣だし、私は過去十六年の新参である。この辺の格式はどうなっているのか、承りさえすればこんなことは二度と申しませんが……」

と礼を厚くして言った。これに対して、森出雲は、

「伊賀殿のことはかねがね承っていたけれど、これほど細かくお聞きしたのは初めてである。ことに越前でのことはまことに天下無双である。その合戦に自分は前橋に行っていたので知らなかったが、そうでなくても十六年間に、謙信公おひとりから二十一通もの感状を受けとられたと承ったうえは、なんで争い申しましょう。感状の数ということになれば自分にも少しは言い分もあるが、座席のことは無類の感状をお持ちのあなたが上座へすわるべきです」

と言って、すぐさま伊賀殿これへと招いたのである。伊賀守はおおいに恥じ入って

非礼を詫び、席順もそのままにしてもらいたいと固辞した。出雲守のほうもどうしても承知しないので、ついに後日、謙信公の裁決をあおぐことになった。謙信公はほかならぬ武辺のもめ事なので、重役連とともに協議した結果両方とももっともな言い分であるので、今後は両側の席に対座することにしたというのである。

手柄の数の多少で席順を決めるという、箇けつ明瞭な実力主義は、戦国時代ならではの特徴である。

●香を体にたきこめるのがエチケットだった

『早雲寺殿廿一箇条』のなかで、武士たる者の身だしなみにも言及したくだりがある。そこでは、たとえ在宅の折りでもちゃんと身だしなみを整えておくべきだと主張している。いつなんどき来訪者があるやしれず、そんなとき、ほうけた恰好で面会するのは失礼にあたるからである。戦場と同様、自宅においても不断の心くばりが必要だというのである。

とくに、戦国時代の人びとは、それ以前の時代と同様、あまり入浴しなかったので、体臭には気をつかう必要があった。そこで、ときおり、髪の毛や着衣に沈《じん》（香）をたきこんでおくのがエチケットとされていた。もちろん、あまり強く香るのはかえって尾《び》籠《ろう》、つまり不作法になるので、丁《ちょう》字《じ》など比較的香りのおだやかなものが用いられたようである。

日本の香道は平安時代の上流婦人が部屋にあるオマルの匂い消しに使って以来、体臭や異臭を消すという日常生活上の必要性でその発達が促された。風流の極致が、じつは、もっとも人間くさい便宜から生まれたといえそうである。

●姓や名で呼びかけるのはルール違反だった

武士の生活上、もっとも注意すべきものに「呼びかけ」がある。呼びかけは同僚や上役に対する、交際上の格式や親しみをあらわすものとして重要である。当時は現代のように姓や名まえを呼ぶのは失礼なことであった。

では、何で呼びかけるのか。かならず、その人の官名で行なうことになっていた。官名とは、朝廷の官位や職名で、たとえば宰相殿、中将殿、三位殿、または美濃守《みののかみ》殿とか越中守《えっちゅうのかみ》殿となる。斎藤道三に呼びかけるとすれば「斎藤殿」でも「道三殿」でもなく、「山城守《やましろのかみ》殿」といわなければいけない。自分の地位との上下関係によって、官名に「殿」や「様」をつけたり、呼び捨てにしたりするわけである。

戦国時代は成り上がり者が多かったので、みなハクをつけるためにどこからか官名や名乗りをもってきて、かってに自分の名まえに組入れることが多かった。「采女《うねめ》」「主殿」「左衛門尉」などみなこれである。なにか偉そうな感じがするので、明治の世までこの風習が残った。

これはとくに戦国時代にはじまったことではなく、古い物語などを読むとよくお目にかかる。たとえば『源氏物語』などは、その官名に慣れないと、文中でどの人物を指しているのかよくわからないことがしばしばである。ひどい場合には、同一人物が出世することによって、官名がとつぜん変わってしまい、読者をとまどわせることもある。

このほか、日常生活の作法をアトランダムに拾ってみると、まず他家では、女部屋になるべく近づかないほうがよいとされていた。儒学の「男女七歳にして席を同じうせず」という思想からよりも、女を士道の妨げとして敬遠したことによる。また一般的に物を持つには左手を使うことをすすめていた。たとえば来客に茶を運ぶとき、酒をのむときはみな左手を使う。三方を持つのも左手で持ち、右手は軽く持ちそえているのみである。なぜなら、右手をつねにあけておいて、不意の場合すぐ刀が抜けるよう心掛ける必要があったからである。これらの風習・作法をながめると、寸時の油断も許されぬ戦国武士の真骨頂がうかがわれる。

●武士の出勤時間はフリータイム

次に城中での勤務ぶりはどうか。社会条件はまるで違うが、人間の集団世界である点、現代に似たところがないでもない。

まず、出仕の時間は、その役職によってまちまちで、おおむね、組頭の指揮により、仕事本位に出仕すればよいこととなっていた。いまのサラリーマンのように勤務時間に縛られるようなことはなかった。勤務時間が一定したのは江戸時代になってからのことである。戦国武士にとってもっとも重要な働き場所は戦場であり、平時はそのための鋭気を養うのが第一の目標であった。

そして大名にしてみれば、戦場で存分に働いてもらうためにも、平時は、できるだけ家臣に負担をかけるような、時間的不合理をはぶくほうがよりよかったわけである。戦明けに十分な休暇をとらせたのである。

このように、平時の戦国武士は、いまでは考えられないほど、自由な環境にあったといえる。もちろん食事も勝手で、城内に弁当をもって行ってもかまわなかった。しかし、いちおう「出仕は餅腹《もちばら》にてすべし」という、心構えが望ましいとされてはいた。

餅腹をすすめるのにふたつの理由がある。まず、朝食に餅を食っておけば、大小便が遠くなるというのが第一の理由である。戦場でも日常勤務でも、大小便が頻繁なのは何より不心得とされていた。そのため餅腹で防げというわけであった。

第二に、餅は腹もちがいい。餅を食っておけば、忙しくて一度くらい食事をぬいても大丈夫である。江戸時代になると、弁当持参で出仕することが普及し、主食だけ持っていけば副食は城中でも出してくれるようになった。しかし、年じゅう戦時体勢といってもよいこのころでは、空腹に気をとられるようでは愚かしいかぎりとされていたのである。

●カラフルな服が往来していた城内

服装についてもそうとう自由であった。素襖《すおう》、直垂《ひたたれ》などなんでもよかった。が、かぶり物だけはだいたい侍《さむらい》烏帽子《えぼし》にきまっていた。

素襖というのは袖の長い上着に、袴をつける麻製の服が主流であった。その後だんだん袖が短くなり、信長や秀吉のころには、肩衣《かたぎぬ》という背と肩だけおおう上着を小袖の上から着て、すその短い半袴をつけるという、より活動的な服装に変化した。

また直垂は袖が広く、袴もゆったりできている。袖や袴の末端にはくくり紐がついていて、鎧《よろい》の下に着るときは手首や足首でくくり上げて活動的な形にした。色柄は梅や浅黄はもちろん白でもいい。若い人なら紅が入ったものでもいっこうにさしつかえない。そのころの城中はさまざまな色の服が往き来し、カラフルな城内風景を現出していた。

これも、戦国時代の自由かっ達な気質の象徴といえるだろう。
後に江戸時代に至り、肩衣は鯨骨を入れてピンと張ったものが流行し、直垂はすたれて影をひそめたが、そんなところにも時代の変遷を見ることができる。

●主君には「あっ」と返事をした

いよいよ出仕である。これは公的な場へ出るわけだから、日常生活のように気ままにはいかない。声高に話してはいけない、廊下は静かに歩けなどという、いまの小学校にもあるような注意書が数多くあるが、なかでももっとも厳しいのが主君に対する作法である。

まず、出仕してもすぐづかづかと主君のまえにまかり出るのはよくない。ひとまず次の間にひかえて、そこにいる家中の都合をよく見きわめてからまかり出るのがすじである。そして、まかり出て主君に何か言い付けられた場合は、離れて座を占めていても、すぐに「あっ」という返辞をする。急いで前まで行き、さらに主君の側にはい寄ってつつしんで命令を承る。

このあたり『早雲寺殿廿一箇条』では、「御側へはいはい寄り」となっている。「はいはい寄り」などという表現は、いかにも東国らしく素朴である。北条氏は伊勢の出身というが、どこのことばであろうか。ともあれ怖めず臆せず、それなりの作法を表現しようとした意欲は高く評価すべきである。ついでながら足軽の場合は「ねい」と返辞をするのがふつうであった。

さて、何事か命じられた家臣は、さっそく主君の前を辞してそのことの調査に当たる。結果はありのままに報告し、私見を入れてはいけない。事がらによっては、しかるべき人の意見も聞くが、要するに、ひとりよがりの報告だけはよくないというわけである。

主君の前では膝を組んだり、袖をまくりあげたりするのも厳禁。どんなにおかしくても笑ってはいけないし、扇子を持っていくのもよくない、汗もぬぐうな、鼻もかむな……。こうなると少々老人の小言めいてきて堅苦しい。

しかし、その辺は杓子定規《しやくし》に考える必要はなく、鼻も汗も、がまんできないときは、物かげで処理すればよいなどと礼法書には書かれている。

このほか、主君がトイレに行って手ぬぐいがないとき、自分の左袖を差し出せとか、主君あての書状を読みあげるときは、書面を主君のほうへ向けて読めとか、こまごました注意書が残っている。

が、もちろんそうせよというのではなく、そうしたほうがよいという、礼法家がひねり出した「べからず集」みたいなものと心得てよい。

三章

戦国風俗ものしり11の考証

——激動の時代に揺れ動いた男と女の人間模様

●当時は一日二食があたりまえだった

合戦につぐ合戦という時代に、武士や庶民は何を食べ、何を着、どのように暮らしていたか、衣食住についてみてみよう。

まず食事。今日のわれわれは、習慣的な一日三食を、なんの不思議もなくうけとめている。しかし戦国時代は、北条氏康の言葉にも「すべて人間は、高きも低きも一日に両度ずつの食なれば……」とあるように、一日二度の食生活がふつうであった。早寝早起きという生活サイクルにもおおいにかかわってくるが、この二食を、おおよそ午前八時と午後二時に食べる。もちろんなかには夜仕事をする人もいるが、こういう人は午後九時ごろに夜食を食べることもある。

では、いつから一日三食になったかといえば、江戸初期の明暦前後（一六五〇年代）とも、貞享・元禄（一六九〇年前後）ごろともいう。それまで、おまけみたいについていた夜食が、正規の食事に格上げされた形である。なぜ三食になったかは、社会生活の複雑化によるというほかない。経済力が豊富になったことも、一因をなすこともちろんである。

つぎに食事の内容について。主食は、武士の場合ほぼ玄米で、たき方により、蒸籠《せいろ》で蒸した「強飯」と、いまのごはんにあたる「糄食《ひめいい》」の二種類。合戦時には「糒《ほしいい》」という、ごはんを乾燥させたインスタント食品を持参する。

これは水に浸せばすぐ食べられるし、強行軍のときなど、歩きながらそのままほおばれる、便利な食品である。

動物性タンパク質はもっぱら魚や小鳥からとり、牛や馬、豚などの獣肉は、主として仏教の影響から食べるのを避けた。野菜はほとんど現在と同じだが、ジャガイモやカボチャ、トウガラシなど、秀吉のころに外国から入ってきたものは、貴重品としてめったに食膳に供することはない。

調味料としてはおもに塩や酢、味噌、それに味噌の製造過程で生ずる「醬《ひしお》」という、醬油の先祖のようなものが使われる。砂糖はすでに輸入されていたが、貴重品で、薬用として使われた。糖分はおもに果物からとる。種類は豊富で、ブドウも武田家が生産に力を入れ、このころからすでに甲州名産として知られていた。こうした材料と調味料で作る料理は、いまの日本料理とあまりかわらない。たとえば「スズキとキスの焼き物、ウズラの焼き鳥、ウド入りの汁」などの献立が記録にある。ただ味つけは今日より、かなりあっさりしたものだったようである。

食品の加工もすでに行なわれており、カマボコやノリ、スルメ、納豆、豆腐などを食べていた。漬け物や梅干ももちろん普及しており『今川大双紙』に、「梅干を食卓に添えるのは、たいへん気がきいている。梅干を見ると口の中につばが湧き、飯を食べるときむせるのを予防することができる」

と、ひどく実用的な表現が見える。特殊なものとしては「蘇《そ》」といって、牛や羊の乳を発酵させ、ヨーグルト状にしたものがあった。

が、これは一部上流の武家であって、一般庶民は、いぜんとしてアワやヒエという貧しい食事であった。

●酒宴はドブロクの「十度のみ」で

戦国武士はみなかなり酒のみであったようだ。合戦に明け暮れる世相からやむを得ないこと。それが習性となって祝いごとにつけ、寄合いにつけ、酒なしにはすまなかった。飯どきにもかならず酒が出た。酒の「十度のみ」などという奇習も日常のことである。

十人ほどが丸く座をつくり、ひとつの盃でまわしのみをする。この遊びがつづいているあいだは、ものもいわず、肴も食べず、口をぬぐってもいけない。もしそれに違反した者は、罪落しと言って、余計にもう一杯のまなければならない。いかにも素朴な酒興である。

なお、当時の酒は「にごり酒」つまりドブロクである。口あたりもいいことだし、ついつい度を過ごすのもわかるような気がする。秀吉のころにはブドウ酒も輸入されたが、いわゆる清酒ができたのは、江戸時代になってから。あやまって灰がはいったときに酒が澄んだという、まったくの偶然によって発見されている。

よっぱらいも、当時の風刺絵などに見られるのは、実際にあった証拠であろう。これでは警備上こころもとないので、大名によっては大酒禁止の触《ふれ》を出している。

なかには、酒がもとでとんでもない失態を演じた武士もいる。淀君の寵を得たことで有名な、大野治長の弟治房は、大坂夏の陣（一六一五）に、和歌山城攻めの部隊長格を命じられていた。部隊を引きつれて南下し、和泉（大阪府南部）の貝塚にある願泉寺に野営した夜のこと。その寺の卜半斎《ぼくはんさい》という住持に酒をふるまわれ、部隊全員がグデングデンによっぱらってしまった。おかげで、あくる日、香椎《かしい》への集結に、治房の部隊だけ遅刻して、合戦に間に合わないという大失態を演じた。

じつはこの卜半斎、もともと和歌山方で、はじめから治房の隊をよいつぶす計略だったのだから、凄まじい。今日にも通じる、酒は大毒の好例である。

●戦国時代にもあった花嫁のお色なおし

「信用できるのはただ血のみ」の戦国時代、諸大名が競って血縁関係を広げようとし、後継ぎも早く作ろうとするのは、無理のないことである。ために結婚が奨励され、一般にみな早婚であった。

男子は十四、五歳で元服、十七、八歳になると早くも結婚適齢期に達する。家康が十六歳で、姉さん女房の築山殿《つきやまどの》と政略結婚させられたのをはじめ、みな早婚であり、女子はさらに低い年齢でも嫁に行った。婚礼の儀は、格式や身分によりさまざまだが、おおよそ、江戸時代のものを簡素実質的にした、仏式結婚を思い浮かべればいい。

今日でも結婚式のあと、花嫁が色なおしをするが、この習慣は戦国時代にもあったようだ。『宗五大草紙』によれば、まず、婚礼の初日から二日までは、男女とも白色のものを着る。そして三日めにようやく「色なおし」といって、色のついたものを着ることになる。この日、婿のほうへ嫁方から引出物を持参する。ただし婿の側からは必要ないという。

こうして輿《こし》入れした女性は、武家の妻として恥ずかしくないような教養を身につけ、また、武術の稽古にいそしむいそがしい日々を送ることになるのである。

●当時の女性に恋愛の自由はなかった

戦国時代は早婚のうえに、武将の場合はほとんど政略結婚といっても過言ではなかった。武家の娘と生まれたからには、結婚も離婚も、親の意のままという時代で、二度、三度と夫を変えざるを得なかった女性が多い。

徳川二代将軍秀忠の正室となった小督《おごう》の

方の場合、秀忠は四度めの夫であった。秀吉の側室淀君の妹という立場にあった彼女は、はじめ尾張大野（愛知県知多半島）の佐治某という武士に嫁いでいたが、秀吉の意志により、羽柴秀勝と再婚させられた。秀勝が死ぬと今度は京都の公家へ嫁し、それにも死別して、ようやく秀忠のもとへ輿入れするという経緯を経ている。

こうして、女性をおのれの権力増大のための材料としてあつかう当時の風潮は、外国人の目にはかなり異様に映ったようだ。慶長元年（一五九六）に来日した朝鮮使節の『日本往還日記』に「女性はおおむね美人であるが、身持ちが悪く、良家の女性でも浮気ばかり考えている」というような文章が見える。こうした誤解まで受けた戦国女性は、つくづく不幸を身に背負って生きていたといわざるを得ない。

●細川ガラシアの激烈な純愛物語

この時代の男女関係のなかにあって、ひときわ異彩を放っているのが、細川忠興《ほそかわただおき》とその妻玉子《たまこ》、すなわちキリシタン洗礼名ガラシア夫人とのはげしい夫婦愛である。玉子は明智光秀の三女として生まれた。父ゆずりの美貌に恵まれ、天正六年（一五七八）、十六歳で、山城国（京都府）細川藤孝の嫡男忠興のもとに輿入れした。信長の政略によるものではあったが、忠興は玉子を熱愛した。側室という名の妾を持つのが戦国武将のつねであったが、忠興は生涯、ひとりの妾ももたなかった。玉子もまたよく夫の愛に答えた。

　ところが天正十年、おもわぬ事件が勃発する。本能寺の変である。玉子にとって、この日からまさに息づまる日々がつづく。光秀を父とする身ゆえ、細川家安泰のためには、いつ織田家へさし出されるかもしれない。しかし、玉子を熱愛していた忠興は、表面上、玉子を離縁し、丹波（京都府）の山奥三戸野《みとの》の里に秘かに隠すという手段をとった。

　やがて秀吉の天下になり二年後、秀吉のはからいで、玉子はもとの妻の座にもどることができた。しかし、秀吉はなかなか女に手が早かったらしく、文禄元年（一五九二）、朝鮮征伐のため出征中の武将の妻を、留守を慰めるという名目で大坂城に招き、チャンスを見て戯れかかるということをやっている。玉子も例にもれず召されたが、戯れかかった秀吉の足元に、わざと懐剣を落として操守の意志を示した。その気迫におされ、さすがの秀吉も逃げ出したという。

　さらに時代は移り、慶長五年（一六〇〇）天下分け目の関ケ原戦で、家康側についた忠興は、大坂の旗頭会津（福島県）の上杉景勝討伐のため、東下することになる。大坂方では、徳川方についた武将が東下しているあいだに、その妻子を人質にするという作戦に出た。玉子のところにも石田三成の使者が再三きたが、そのたびにつっぱね、ついに五百人もの軍兵をもって屋敷をとり巻かれた。その折り、玉子は最後まで夫への操を立て、みごと自害して果てている。自殺を禁じたキリシタン教徒であるにかかわらず、それを冒してまでの真実の愛である。

細川ガラシアの史実は確かであり、愛情砂漠の戦国時代としては、珍しく純真で熱っぽい夫婦愛に満たされている。

●お市の方にみる戦国美人の条件とは？

戦国時代の代表的な美人といえば、信長の妹で、淀君の母であるお市の方である。

お市の方ははじめ近江国（滋賀県）小谷《おだに》の城主、浅井長政のもとに嫁いだ。いうまでもなく織田・浅井提携のための信長の政略による。しかし、長政は後日、朝倉義景とのよしみにより、信長に叛旗をひるがえすことになる。そこでとうぜん信長に攻められ、ついに落城と思われるや、お市とその三人の子どもを秀吉に託し長政は自刃して果てる。お市はふたたび政略により柴田勝家と再婚させられたが、今度はかねてのライバル秀吉に攻められ、三十七歳という若さで、勝家とともに自害して果てる。

このお市の方、前述のガラシア夫人など、今に残る肖像画によって、戦国美人の条件をさぐってみよう。色白のうりざね顔とおちょぼ口、切れ長の目に一重まぶた。垂髪

はあくまで黒く長く、全身は小柄……すなわち『源氏物語』に見る、平安美人と条件はかわらないといえる。

武将の願望は京へ進出し、中央文化を独占することにあるとすれば、妻女も京の文化を取り入れて夫を満足させたかった。平安美女に標準をおき、服飾に凝ったことはいうまでもない。

化粧は白粉を塗り、紅をさし、眉墨をひく。宮廷の女流にまねてそうとうの厚化粧であった。この白粉が問題で、鉛分を主としたため肌にのりやすく、伸びもいいが、鉛毒にかかる危険を秘めていた。とくに少女時代から、知らずにこれを塗るのでは危険性が大きい。

それは母体を害するだけでなく、胎児にまで影響をおよぼしたのである。戦国時代にこれといった記録はないが、江戸時代になると大名家などで出来の悪い子が生まれたのはそのためである。

体質的に虚弱なだけでなく、白痴にちかい子もできた。後継ぎなき場合は取りつぶされる大名家では、それでも懸命に子どもづくりに励んだ。原因を知らぬ大奥女性は厚化粧をした。無知による悲劇というべきであろう。

●「おはぐろ」は歯並びの悪さをゴマ化すためのもの

もうひとつ、女性の化粧に「おはぐろ」という奇妙な風習がある。元禄時代の南蛮人の記録『日本西教史《にほんせいきょうし》』にも「日本の女性は、白い歯を黒い液で染めるが、どうも合点がいかぬ」と疑問を投げかけているが、まったくそのとおりである。おはぐろの習慣はかなり古くからのものと見られるが、室町時代には、これを女性の成人の印として、早くも九歳ごろからほどこした。夫人の証としたのは江戸時代になってからである。

それにしても、面倒なうえに悪臭さえ帯びるものを、あえてつけるには、もっと切実な理由があるのではなかろうか。

じつは、おはぐろは歯のでこぼこを隠すためであった。歯並びの美しいのは、今も昔も美人の第一条件。医学の未発達な当時、その不ぞろいを隠すのはおはぐろしかなかったのである。既婚の象徴となったのは、江戸時代のこじつけからである。

●戦場になくてはならない存在だった遊女たち

死と直面する戦国の武士が、合戦のあい間に、酒とバクチとそして女にうつつをぬかしていたとしても、むりからぬことである。とうぜん合戦のありそうなところへ遊女が集まる。移動する部隊のあとを、ゾロゾロ遊女がついて歩いた情景は、往年の名画「外人部隊」の最後のシーンを思いだせばよい。

遊女の元祖は、神話中のストリッパー、天宇受売命《あめのうずめのみこと》の子孫「猿女《さるめ》の君《きみ》」だといわれている。猿女とは神聖な神楽を舞う巫女のことで、万年処女がたてまえであった。本来、神社に所属する者だったが、氏子の加《か》持祈禱《じきとう》などのアルバイトをしているうち、どうかして祈禱の霊験がなかったりすると、アルバイト口がとだえて食えなくなってしまう。とどのつまりは、売春行為で糊口をしのぐことになる。

また、早く神社を離れて、村から村へ放浪する巫女もあった。これまた加持祈蒋はそっちのけで、怪しい行為を本業とするようになった。遊女は巫女にはじまるというのが定説である。

こうした遊女たちが、平安時代には淀川の支流神崎川の蟹江の河港に群がり、小舟に乗って「買って！　買って！」と客船に呼びかけたりした。

戦国の遊女はこの巫女系、放浪の売春婦たちである。人の集まる所にかならずぼうふらのごとく湧き、享楽の代価として男の生血を吸って生きる。だから多人数の動く合戦があれば、かならず戦地に遊女があらわれた。これが御陣女郎とよばれる女たちである。

戦場の武士には、戦地手当ても出るし、手柄次第で恩賞も出る。しぜんに、遊女たちへの支払いも気まえがよくなるので、危険を承知で群がってきた。

いっぽう、武士にとっても遊女は戦場に必要な存在であった。セックスの対象としてだけではない。巫女の子孫の遊女たちのなかには、なお祈禱や占いをする者がいたし、それが御陣女郎の条件でもあった。

武将といい、戦国武士といっても、命のやりとりの場の戦場だけに、ひどく縁起をかつぎたがった。何かというとすぐ戦の吉凶を占ったのである。知能のかぎりを尽して、さらにそのうえに神仏の加護を願うのはとうぜんであった。女を陣頭に立てれば神霊の加護が受けられるとさえ信じていた記録もある。

セックス、占いのほか、飯たきや野戦風呂のしたくにも、遊女は重宝がられた。さらに、首実検のための「首化粧」も遊女の仕事である。ときには、敵状に関する情報網ともなった。味方だけでなく、敵にも抱かれたからである。

このように、遊女は戦場にはなくてはならぬ存在だったが、その報酬となるとあまりはっきりしたデータがない。一般に銭何百文であったろうが、衣類や反物、米などによる現物支払いも多かったと思われる。

もちろん、以上は私娼、暗娼の類で、公娼は秀吉時代にならないと出現しない。いちおうの国家秩序が成り立って、京都の柳《やなぎの》馬場《ばんば》に初の公認遊廓ができたのは、天正十七年（一五八九）である。秀吉のくつわ取りであった原三郎左衛門という者に、とくに許可をあたえて作らせたものである。廓は「くつわ」の訛りともいわれ、戦国の所産を物語っている。

● なぜ戦国武将は男色におぼれたか？

戦国武将や侍のセックスの対象は、たんに女だけではなかった。有名な信長と森蘭丸との関係で、男色も女色に劣らず盛んだったことがわかる。では、なぜ彼らは男色におぼれたのだろうか？

戦国時代、武将は幼いころから父親を師として軍学などを学んでいた。しかし、それとは別に、四書五経などの漢籍を中心に、一般教養を寺に出向いて禅僧から得るのがふつうであった。ところが、神聖なその寺院でとんでもないことまで教わったのである。

そもそも、「男色は弘法《こうぼう》にはじまる」といわれるように、入唐僧によって中国から持ち帰られたものである。これは、現在も用いられる「オカマ」という言葉が、インドのサンスクリット語、カーマー＝愛に由来するなどという説にも通じるか？

とにかく女犯を禁じられた聖僧たちは、稚子《ちご》という有髪の美童を愛することで性的満足を得ていた。この趣味が、四書五経を講義するうちに、いつのまにか戦国武将にも植えつけられていったのである。

その趣味にとらわれた武将は権力にものをいわせて、水もしたたる美童を集めた。織田信長の小姓森蘭丸、豊臣秀次（秀吉の甥）の不破伴作、蒲生氏郷《がもううじさと》の小姓名古屋山三郎などが有名。武田信玄もこの道では人後に落ちず、高坂弾正《こうさかだんじょう》という美童を寵愛している。この高坂弾正は後に立身して、川中島の武田方前線基地海津城の城主となっている。信玄は女性の妾も四人もっているから、なかなかの艶福家であった。好敵手謙信は、生涯不犯の人といわれるが、男色は行なっていたとの説もある。

ところで、いったいに、男色の醍醐味は能の幽玄にあるといわれている。足利義満の寵童世阿弥が完成した能の、あやしく美しい所作が織りなす世界がそれだという。その慕情のはげしさゆかしさは、両者の交わりによくあらわれている。信長に殉じた蘭丸、秀次に殉じた不破伴作はその代表であろう。戦場では大将討死と聞くと、小姓はすぐ敵中にとびこんで死んだ。そのひたむきな死に方は、討死ではなくてまさに情死であった。

●戦国時代の風呂とトイレは?

ところで、戦国時代の衛生観念はどの程度のものだったか。お話にならぬほど低く、お粗末といわざるをえない。その実体を、入浴とトイレについて見てみよう。

日本人は風呂好きといわれるが、これは江戸以後に作り上げられた習性である。戦国時代までさかのぼると、入浴の回数はいまと比べて極端に少なかったらしい。とくに、長期間の籠城を強いられた城内などは水が何よりたいせつだったから、風呂どころではなかった。垢でまっ黒になって戦ったに違いない。

当時の風呂は蒸し風呂、つまりいまのサウナのようなものであった。現在みたいに湯舟に入るようになったのは、江戸も末期のことである。褌《ふんどし》一丁の体を湯気で蒸し、垢をこすり落とすのが、戦国一般の入浴方法である。

平安女性は髪洗いに、四、五、九、十月の四カ月を忌み月とした。その風習などまだ残っていたと思われ、想像以上に不潔だったのではないか。

トイレについても、現代から考えれば不潔としかいいようがない。厠《かわや》はできていたが、女性の装束の場合など、多くオマルが使用されたようだ。男性の日常は大小便とも厠だが、式典など特殊な場合、尿筒《しとづつ》という器具を使っていた。尿筒は、銅製の長い筒で、袴の下からこれを差し入れて用を足す。冬など一物にあたると冷たいので、口元には革を巻いたものもある。筒先は手すりの間から庭へ出すので、これを伝わる尿は庭先へたれ流しになった。

しかし、特殊な貴人、武家では大名級になると、深い穴を掘ってそれへ垂れ、一代一穴主義で死ぬと同時に埋めた。ただし、これも衛生観念からではなく、貴人の汚物は人目にさらさず永遠に地中に葬るという考え方からである。が、待てよ、それでは、この穴に大名が落ちたらたいへんではないか。いかにも、その用心のため、途中に金網をはっておいた。この一代一穴の糞穴の話は、谷崎潤一郎の名作『武州公秘話《ぶしゅうこうひわ》』にも出ている。

●「金創医」はエリート侍専門の外科医

この時代に特筆すべきことは、医学のなかで金創医なる特殊部門が進歩したことである。たび重なる合戦で、続出する負傷者を治療しているうちに、経験による負傷への手当て法が工夫されていった。命を奪う合戦が、命を救う医学を進歩させたのは、世界史でもよく知られた事実である。

日本には古くから受け継がれている医者の家柄がふたつあった。和気《わけ》と丹波《にわ》の両家である。和気家は断絶してしまったが、丹波家は長く宮廷医をつとめていた。

戦乱の世になると、医官は地方の大名のおかかえ医に流れていったり、旅から旅の放浪医に落ちぶれていった。そのなかで名医として知られるのは、文禄三年（一五九四）に八十八歳でなくなった曲直瀬道三《まなせどうさん》である。彼は中国医学の翻訳を完成した大学者である。

戦国時代の医学はどの程度進歩していたのであろうか。病名は平安時代に百十一だったのに、このころには二百ほどわかっている。もちろんいまの病名とは異なるが、その正体はおおむねつかんでいた。たとえば、風邪などは伝染するものだというくらいは知っていた。が、もちろんばい菌の観念などまるでない。

おもな病名とその症状、および治療薬を、曲直瀬道三が書いた『医学天正記』から抜き出してみよう。まず「感冒《かぜ》」はいまの風邪と同じもので寧肺湯《ねいはいとう》を飲む。「中風《ちゅうふう》」は栄養湯《えいようとう》を飲む。「傷寒《しょうかん》」は熱病の一種で冲《ちゅう》和湯《わとう》を飲む。「声枯喉痛《せいここうつう》」はのどの病気、「中暑《ちゅうしょ》」は暑気あたりで、清心湯《せいしんとう》を飲む。「霍乱《かくらん》」は暑い時の急な吐き気で、和中湯《わちゅうとう》を飲む。

医者は脈診をしたり、顔色をみたり、腹

にさわったりして診察する。聴診器などの器具ははるか後世のこと、直接患者に問いただす問診が中心になった。これがすむと薬を調合したり、適当な治療をほどこすのである。診察料など不明だが、支払いに絹、麻、米などの現物を使ったことも多かろう。

金創医は傷口を縫ったり、骨をついだりぐらいはした。傷口を焼酎で洗い、消毒することは経験で知っていた。

しかしこのような当時の最先端の医療を受けられたのは限られた人びとだけで、一般庶民は従前どおり、祈禱や占いで病を治そうとした。金創医も侍を診るだけが手いっぱいで、足軽の負傷者までは及ばない。足軽は仲間どうしで傷の手当てをした。

四章

戦略・戦術ものしり11の考証

――乱世ゆえに生まれた陰謀奇略

●秘密裡に発展をとげた戦国時代の兵法

今日「兵法」ということばは、剣術または軍略という両方の意味に使われている。これは江戸時代へはいって、軍略を集約したものから剣術なりの思想が生まれ、ふたつの意味が併立するようになったのである。もともと兵法とは、戦闘に関する方策、すなわち戦略を意味する。兵法を教えるのが、いわゆる軍学者であるが、この起こりはきわめて古い。吉備真備《きびのまきび》（六九三—七七五）は遣唐留学生として唐に渡り、その文明を伝え、右大臣にまで進むほどの政治的手腕を発揮したが、また軍学にも造詣が深かった。

源平の抬頭から武家時代へ入るとともに、兵法もおいおい発達した。源義経（一一五九—一一八九）、楠正成（一二九四—一三三六）などすぐれた武将が、独自の兵法を編み出して、後世、義経流、楠流兵法と称せられた。

実質的に兵法が大飛躍したのは、なんといっても戦国時代である。諸大名や武将は輸入の唐書を読み、先人に学び、みずから工夫を凝らして独自の兵法を編み出していた。自存のためにはなんとしても勝たねばならない。大将ばかりでなく、一族をあげて智嚢《ちのう》をしぼったにちがいない。ただ、事の秘密性と、社会の無秩序から系統立てられなかっただけである。それが軍学の形をとり、兵書としてあらわれたのは江戸初期のことである。すでに平和が到来して、じつはとっくに無用の学であった。だからこそ兵書の形で公開してさしつかえがなかったといえる。

●軍略を武略・智略・計略に分けた『甲陽軍鑑』

小幡勘兵衛景憲《おばたかんべえかげのり》（一五七二—一六六三）は武田信玄、勝頼二代の兵法を門下に伝えた。これが有名な甲州流であり、その軍学書が『甲陽軍鑑』である。ほかに北条流、山鹿流、長沼流、越後流（謙信流）、信州流（小笠原流）、香西流と、諸流派がそれぞれ研鑽《けんさん》を競った。

そのうち、甲州流では軍略を、武略・智略・計略の三つの方略とし、それを最大限に利用して、かならず勝利を得ると説いている。まず武略というのは、自国の各城をよく構え、陣取をよく取りしきり、備を完全に立て設ける、というような基本的なこと。智略とは、臨機応変に敵の弱いところを衝き、また敵の中に寝返りをうちそうな侍があれば働きかける。味方の謀ある者を敵国へ潜入させて、その報告をよく聞くことなどをいう。

計略とは、出家、町人、百姓などのうち才覚ある者に、つねに恩を売っておいて敵国へ入れ、「ここの大将は才智もなく遊興にふけってばかりいる。おかげで万人は苦しむばかりだ」などといいふれさせて領内を騒然とさせ、それから一挙に攻め込んで亡ぼす。または、敵の中に邪欲の深い者があったら聞き出して、おおいに引出物などを贈り、まるめこんでしまうことなどをさしている。

要するに、正規の戦備と手段をえらばぬ謀略のことである。戦国時代には手を変え品を変えやってきたこと、べつに珍しくないことであるが、意義は系統立ててまとめたこと。『甲陽軍鑑』は無数のエピソードから成っている。時代物作家のよいネタ本になっていることにもやや意義が認められる。

●経済戦争をいかにして勝ち抜くか

ふつう合戦時に用いられる軍略には、つぎのようなものがある。森林、山陰などに兵を隠しおき、不意を衝く伏兵。旗、幟《のぼり》をおびただしく立て、見せ勢を動かして敵を恐れさせる示強《じきよう》の法。その逆に、小勢と見せかけて撃つ示弱《じじやく》の法。わざと退いて敵を腹中へ入れ、引き包んで撃つ佯退《ようたい》の法……。

智将といわれた楠正成の千早《ちはや》城のように、自分の城を焼いて敵を欺く法。同じく作り物の城壁や、藁《わら》人形を使って敵の目を欺き、大将の偽死体を残して、意表に出る法もある。

ここでは、兵力によらない城攻め、いわ

ば経済戦ともいえる軍略を見よう。「青田をこねる」といって、植えつけたばかりの田を踏みにじってしまう。あるいは、できた稲を刈り取ってしまう。それから城下に放火する。

城の水の手を断つことと並んで、こうした敵の兵糧を奪い、物資の供給を断つ法が、戦闘による殺戮よりも効力を発揮することがあることは、現代にくらべてみるまでもなく、たしかなことであろう。

豊臣秀吉は、この経済戦でも優れた武将であった。秀吉は鳥取の城を攻めるとき、仙石権兵衛という者に資金を与え、因州《いん》(鳥取県)の米を一手に買い占めさせている。鳥取方では値段につられて、城の貯蔵米まで売ってしまった。なんとも間の抜けた話だが、おかげでほとんど流血を見ないうちに、兵糧尽きて落城ということになっている。

賤《しず》ガ嶽《たけ》の戦(一五八三)では、秀吉が美濃路(岐阜県)から駈けつけるとき、沿道の百姓にあとで十倍返しにするから、あらゆる食物を路傍に供出して、後続の軍隊に与えよ、と触れた。ために味方の進撃速度を増し、奇襲戦が行なえた。経済戦といえぬことはない。

戦道具や軍人の体力、つまり兵力よりも、黄金が先に働いて、大功を奏した例である。

●敵の意表をついたメス馬の攪乱《かくらん》戦術

正攻法の裏をゆく奇略は、生死の関頭で考えるものだけに傑作が多い。そしてみごと敵の意表を衝き、予想以上の効果を発揮することがあった。動物を利用した奇略で有名なものに、木曾義仲が平家の軍勢を、倶利伽羅《くりから》峠に打破った火牛の戦法（一一八三）がある。周知のとおり牛角に松明をくくりつけて峠の上から追い落とす戦法である。

戦国時代でも、こうした奇略はあちこちにみられる。淡河弾正《あわかわだんじょう》という武将が、わずか四、五十人の若党をもって、秀吉の弟、小一郎秀長《こいちろうひでなが》の軍勢数千人を、みごとに打破った丹生山《におい》の夜討の時がそうである。

秀長勢に囲まれた淡河一族五十八人は、もはやこれまでと、敵陣めがけて斬って出ようとした。そのとき弾正は大手をひろげて立ちふさがり、こういった。

「おのおの気でも狂ったか。数千人の敵中へわずか四、五十人が斬って出たところでなにになる」

そして、われにひとつの手立てあり、と近辺の村々へ人を走らせ、陰馬（牝馬）一匹引いてきた者には、銭三百文を与えると触れさせた、たちまち五、六十匹の牝馬が集まる。弾正の考えは馬の性欲を利用して、敵の騎兵を攪乱しようというのである。この作戦はみごとに成功した。

一気に打ちかかってくる秀長の軍勢に、

かの牝馬五、六十匹を追い込むと、数千の乗馬はたちまちに昂奮、牝馬を追って猛り狂った。さあ、たまらない。騎馬武者はひとりも馬上にいたたまれず、跳ね落とされ、踏み倒される。「いまぞ斬り崩せ」の一声に、一族の若党五十八人、声をあげて討入り、思う存分に斬りまくり、ついに秀長の軍勢を退散させてしまった。

『四国軍記』にある話だが、いささか疑問がないでもない。それは発情期の問題で、牡馬のところへ牝馬をつれてくれば、いつでも発情するとは限らない。しかしここで、弾正に発情期の知識があったなどと強弁することもあるまい。馬は驚愕すると、針のように小さなものでも棒ほどにも大きく見えるという。そうした馬の臆病さからすれば、なにかの機会に一頭でもあばれ出せば、数千頭が躍り狂うというのも、十分あり得ることであろう。

●降伏しても油断できない卑劣な謀略奇略

これまで紹介した軍略は、智略にしろ、奇略にしろ、まずまずあっぱれと、勝者に拍手を送ることができるだろう。しかし、どうも素直に拍手できない謀略もある。

一般的な道徳観念からいうと、謀略とは、単なる「はかりごと」ではなく、もっと暗い「悪だくみ」というニュアンスが多分にある。正当な謀略などというのは、かえっ

ておかしい。しかし、どんな闘争にしろ、その当事者にとっては、それぞれ理由があり、正当化されるのがふつうである。戦国武将もまた、そういう正義化された戦の手段として用いる謀略に、今日考えるほどの罪悪感は持たなかったといえるだろう。いずれにしろ、戦国時代を特徴づけているものの大きな要素のひとつは、この謀略戦なのである。

それにしてもひどいのがある。それを「佯降《しようこう》の法」という。降伏したと偽って敵に近づき、いきなり討果たしてしまうのである。降伏とは戦意を放棄したことで、条件づきにしろ、無条件にしろ、相手に屈服したことを意味するはずである。にもかかわらず、白旗を掲げておいて、油断したところを討つのだから、信義も士道もあったものではない。

これが戦場でなく、平素机に向かって読む兵書に書いてあるのだ。『兵法雄鑑』につぎの一文がある。

「籠城かない難く、後詰めの便もなきときは、偽りて降をたつることあり。上は将を撃ち、中は敵をはらう。下は難を去る。その手だて工夫あるべし」

つまり、籠城中に情勢が絶望的になったら、偽りの降伏を申し出て、油断をみすまして敵将を討ち、包囲軍を追い払え、というのである。

『兵法雄鑑』はさらにつづく。

「偽って降参し、敵を引き入れて討つこと」ますます驚かざるを得ない。この文章から推察すれば、降伏条件の交渉、あるいは城受取りのために入城してきた敵を、城内で討ち取ってしまえ、と教えているのである。まさに、勝つためには手段を選ばずであった。

また、水軍の場合でも『能島家伝《のじまかでん》』という兵書に、敵をあざむく奇策として四つあげているが、そのひとつに、

「敵の旗や幕を内々に見ておいて、味方にもこしらえ持たすべきである。方便に要ることが多い」

というのがある。

これまたひどい。敵方の旗をかかげて敵

船団にもぐりこみ、不意討ちにしろとでもいうのだろうか。しかし味方がやれば、敵もおそらくそうするだろう。そうなったらもうめちゃくちゃである。

●敵の有力者を逆用した信長の陰謀

中国の有名な兵書『孫子』では、謀略を重視し、その方法を五間に分けて述べている。すなわち因間、内間、反間、死間、生間である。なかでも内間というのは、敵家中の有力者を寝返らせ、これを逆用しようという、道義的にみれば、もっとも卑劣な謀略である。これをしばしば利用したのが、織田信長である。濃姫《のうひめ》との婚約から、斎藤家を滅ぼすに至る信長の謀略を、一例として上げておこう。

そのまえに、当時の織田家、斎藤家の情勢を、いちおうふり返って見なければなるまい。斎藤道三は戦国の武将中、北条早雲と並んで、その前身はまことにあやしげなことになっている。ともあれ、略歴をかんたんに述べると、道三は北面の武士、松波《まつなみ》左近将監基宗《さこんのしょうげんもとむね》の子として、京都に生まれている。幼名は峰丸。父によって寺にやられたが、まもなく飛び出し、永正、大永のころ（一五一五年前後）は、庄九郎と名乗って油売りをしていた。

たまたま美濃へ行商にきたおり、斎藤利安に渡りをつけ、その主、土岐頼芸《ときよりよし》にも取り入った。気が利くうえに音曲が巧みで、たちまち頼芸の寵を受け、侍に転進するや、出世コースを突っ走ることになる。

またたくまに家中に権勢の根を張り、恩人であるはずの斎藤利安を、稲葉山（岐阜県）に謀殺し、そのあとを襲って斎藤姓を名乗ってしまう。そのうち守護の土岐頼芸までも、その勢いに押されて大桑へ城を移す、という具合で、道三入道いつしか、美濃における事実上の主にのしあがってしまった。

美濃と接する織田家が、これを黙って見ているわけがない。信長の父、信秀は天文十三年（一五四四）美濃に侵入、稲葉山城を取り囲んだ。しかし、いち早く越前（福井県）の実力者、朝倉教景《あさくらのりかげ》に応援を頼んだ道三は、逆に織田勢を撃破。ふたたび信秀は土岐頼芸と組み、南北から攻めたがこれも失敗、かえって頼芸は、大桑城から追い出されてしまう。愛妾、三芳野《みよしの》を寝取られたうえ、ついに領国からも追放されてしまったのである。

美濃の主を追放するや、今度は道三のほうから織田家へ接近を計る。そのひとつのあらわれが、天文十八年（一五四九）にとのった、信長と道三の娘、濃娘との婚約なのである。

結婚後まもなく、父信秀が病死し、信長が織田家を相続した。濃姫は幸福な新婚生活を送っていたが、ある夜、信長の寝床が抜け殻になっていることに気づいた。そんなことが一ヵ月もつづいたすえ、問い詰めてみると、信長の答えは、およそこうである。

「おまえをなげかせることなので話すまいと思ったが、じつをいうとおまえの生家、斎藤家とは父の代からの敵《かたき》同士だ。偽りの和睦で事無きを得ているが、かならず将来どちらかが倒れるまで戦わねばならぬ。そこでわしは計略の手を打った。斎藤家の両家老は、かねてよりわしと気脈を通じ、斎藤入道を殺す約束だ。首尾よく討ち取ったときの、合図の狼煙《のろし》があがるのを、きょうかあすかと、毎晩櫓《やぐら》にあがってみているのじゃよ……」

濃姫にはことばもない。そしてこの日から濃姫と美濃との文通もいっさい遮断し、きびしい監視をつけた。しかし、ある夜、ようやくチャンスを見つけた濃姫は、腹心の侍女に手紙を持たせ、美濃に走らせる。

入道にしてみれば重大な情報である。間者の密報でも、織田家になにかあるなと思っていた矢先のこと。しかも道三入道自身、主君を追放した身だから、膝元の両家老も同類と勘ぐり、ろくに調べもせずに斬殺してしまった。斎藤家は、この有能な家老を失って以来、しだいに家運傾き、ついに弘治二年（一五五六）、「美濃の蝮《まむし》」と恐れられた道三も、実子、義竜に攻め殺されることになるのである。

はたして、両家老がほんとうに謀叛の意

志をもっていたのか、あるいは濃姫を利用するための狂言であったのか、いずれにしろ、戦国の謀略戦の好例ではあるだろう。

●弓、鉄砲をフルに用いる両懸《りょうがかり》の戦法

いままで述べてきた軍略とは、開戦に際して好機をつかみ、一挙に敵を打破るための謀であった。が、ここでは敵味方まさに鎬《しのぎ》を削る合戦場での陣法、戦法を見よう。

いざ敵味方が戦場に遭遇すると、まず陣作りから始める。この陣を布くにも一定の法式があり、これを陣法という。天武天皇の十二年（六八〇年代）に陣法を習練せしめた、とあるから、そうとう古くからあるが、真に磨きがかけられたのは、やはり戦国時代である。なかでも甲州武田家では、鋒矢《ほうし》、方向《ほうよう》（方円）衡扼《こうやく》など独創的な陣法を案出し、これに魚鱗《ぎょりん》、鶴翼《かくよく》、長蛇《ちょうだ》、偃《えん》月《げつ》、雁行《がんこう》の陣を加え、諸葛孔明《しょかつこうめい》の八陣の法にならって、「武田家の八陣」と称した。

こうした陣形を整えたうえで、いよいよ合戦にはいる。そこで代表的な戦法をいくつか列挙してみよう。戦国時代の合戦において、いかに足軽組が重要な役割を果たしたかが、よくわかる。

まず、両懸の戦法。これは弓、鉄砲をフルに活用して、敵を打破る法である。まず楯を前面に押し並べて、その陰に、弓、鉄砲をひとりおきに配置する。楯の隙間から鉄砲を打掛けつつ、足を早めて進み、敵と

の間が十四、五間（約二十六、七メートル）にまで迫ったところで、楯を捨て、鉄砲を一斉に発射し、弓も矢つぎ早に射掛ける。

こうして敵の足元を乱したうえで、足軽の後に控えていた武士が、急太鼓の調子にしたがって敵中に切りこむ。弓、鉄砲の足軽も刀を抜き、喊声《かんせい》をあげてそれにつづく、という戦法である。

つぎに手詰懸《てづめがかり》の戦法。これは両懸と異なり、弓、鉄砲にたよらず、はじめから「手詰の勝負」を挑むものである。楯の陰に、力量強く、勇壮な者を選んで、二十五人を一組に配置する。小勢ならば五、六組。大勢なら二、三十組も作ればよい。おのおの大太刀、大薙刀《なぎなた》、大鳶口《とびぐち》、大身槍、長棒など、破壊力の大きな得道具を持って疾走する。敵との間五、六間（約九、十メートル）まで楯を押しつめ、急太鼓を合図に、楯の陰から喊声をあげて、一斉に敵中に突入する。こうして一挙に敵を打崩すという、勇壮な戦法である。

乗崩《のりくずし》の戦法。小勢でもって大勢を打破ろうという、これまたはなはだ勇壮なものである。よりすぐった騎馬武者、五、六十騎から二、三百騎を前面に立てる。なにしろ敵は大勢、危急のときであるから「国の大事この時なり」と覚悟をきめ、前後をかえりみず、敵中になだれこむのである。馬を縦横に乗り回し、蹄《ひずめ》にかけて乗り崩す。

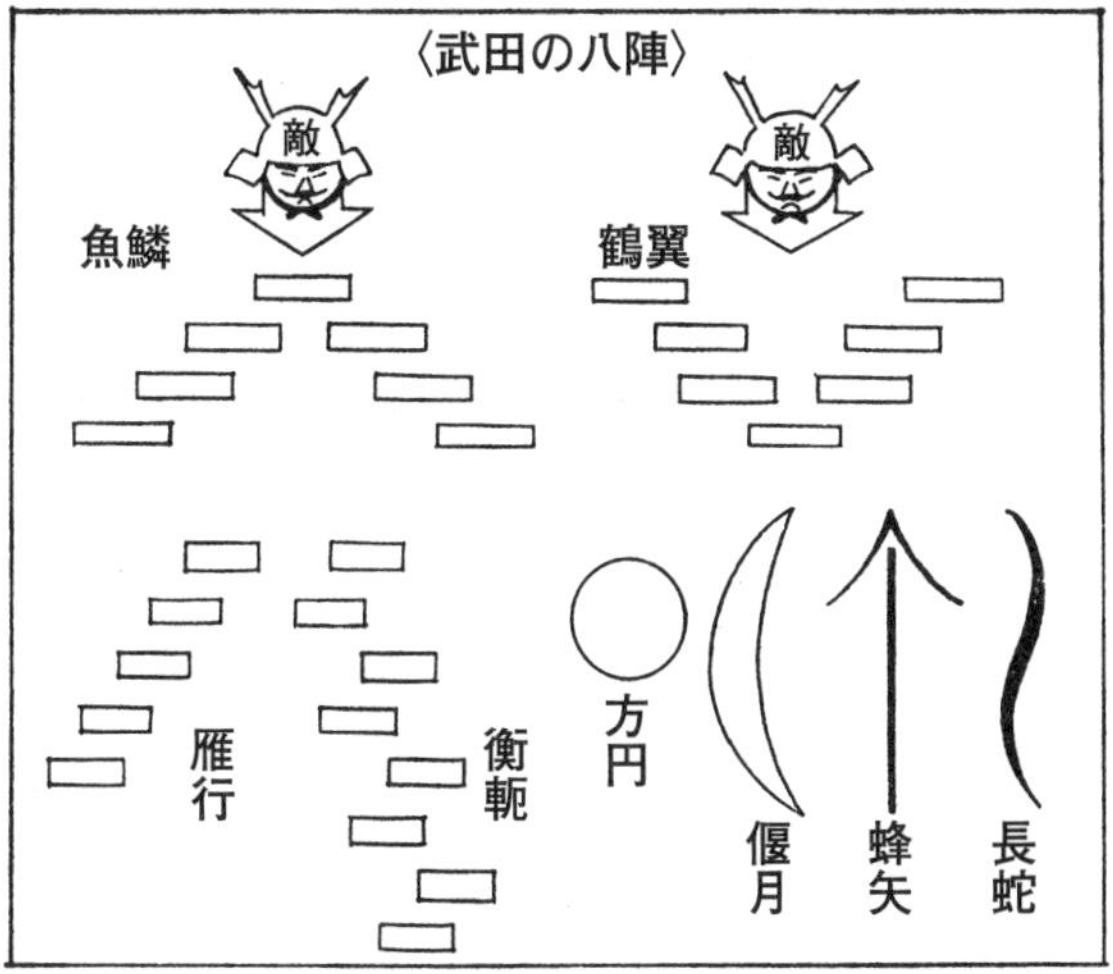

〈武田の八陣〉

歩兵、足軽もこれにつづくのはもちろんである。

この乗崩には、馬の入れ方に三種ある。すべて一隊になって乗りこむ一口入《ひとくちいれ》、二隊に分かれて敵陣の両端から乗りこむ二口入、そして一隊は敵の正面から、一隊は脇に廻って乗りこむ廻入である。いずれの場合でも、乗りこみはかならず、敵勢の厚いところに突入する。なぜならば、敵勢の薄い処というのは、とかく鉄砲がいて狙われ、ために撃たれる者が多いからである。

そのほか、木製の大砲を用いる玉砕《たまくだき》の戦法。弓の連射によって敵の鉄砲を押える指矢懸《さしやがかり》の戦法。斬馬刀《ざんばとう》によって敵の騎兵を薙ぎ倒す駒倒《こまだおし》の戦法など、さまざまな戦法がある。

●夜討では攻めの一手より引き際が大事だった

ひと口に夜戦といっても、正確には三つに分けることができる。すなわち、敵の陣所へ押し寄せて戦う夜討、敵城に直接押し寄せる夜込、敵味方がたがいに陣を取り、双方から夜出て戦う夜軍である。

さて夜討であるが、ただやたらに寝込みを襲ったところで成功はおぼつかない。方策には四つあり、およそ次の通りである。

まず第一は、敵の陣形が、いまだ整わないうちに、早くも押入って打撃を与えるため、敵がその地点へ到着した夜、ただちに夜討をかける。第二に、敵の疲労につけ入るため、味方も疲れてはいるが、精鋭をよりすぐり、終日合戦のあったその夜に、重ねて夜討をする。

第三に、まさかこんな日に、という敵の不意を衝く目的で、大風、大雨、雪降りなど、わざと天候不順な日を選んで、夜討をかける。そして第四には、敵方に、吉凶いずれとも事ある夜を襲うのが有効である。

夜討は、あくまで敵の不意を衝き、小人数でもって、敵に大打撃を与えるものである。したがって昼の合戦であれば、手柄の第一の証《あかし》となる敵将の首を取ることも、夜討の場合は固く禁じ、ただ一途に切って切りまくらせる。また、戦っている最中、急に引き上げの合図があったら、たとえ優勢のうちに敵と斬り結んでいても、すぐ引き上げなければならない。夜討においては懸るよりも、引きが肝心だからである。以上は『武門要秘録《ぶもんようひろく》』が教える夜討の心得である。

●十倍の敵を追い散らした北条氏康の作戦

ここでは北条氏康（一五一五―一五七一）が、わずかに八千騎でもって、八万騎にも及ぶ上杉憲政（一五二三―一五七五）の軍勢をみごとに撃破した、川越の夜戦をあげておこう。

氏康は、笠原越前守という者に忍びをつけて、敵陣をうかがわせたところ、上杉方では、もはや氏康が敗走するのも時間の問題、一刻も早く川越を攻め落として、小田原に攻めのぼろうではないか、という声がしきりで、よもや氏康のほうから戦をしかけてこようなど、夢にも思っていない様子である。

ころはよし。天文十三年（一五四四）四月二十日、夜討を決行することと決まった。

「わざと松明を持たず、紙を切って鎧の上にかけ、肩衣のようにし（合印）、合言葉を定め、重い指物、馬鎧をかけず、首取るべからず、切り捨てよと約束し、前にあるかと思えば後にまわり、四方に変化して一処によるな」

こうした綿密な打合わせのあと、子の刻（午前一時）を期して、上杉陣営に四方から躍り込んでいった。上杉勢は小田原衆をあなどり、油断していたため、にわかにあわてふためき、またたくまに屈強の兵、三千余人もが討ちとられ、大将、憲政も敗走を余儀なくされてしまった。

勢いに乗って、なおも追討をかけようとする氏康勢の頭上に、旗本、多目周防守《おおめすおうのかみ》のあげ螺（引き上げ合図の貝）が鳴り渡った。このとき周防守が、

「敵八万騎に味方八千余騎、十分の一にも及ばない勢力で勝利を得たのは、古今まれなことである。だからといって、このまま追撃し、もし敵が体勢を立直したなら、味方は疲れているし、かえって敵の利となるだろう。もはや暁天《ぎょうてん》（夜明け）になろうとしている。おのおの勝って兜の緒を締め、今日の休息をすべきである」

といった。

敵の油断を見すかし、ぞんぶんに打撃を与えて、深追いせずにサッと引き上げる。まさに典型的な夜討の成功例である。

●明暗さまざまだった人質の運命

人質は古く「むかわり」といい、肉親や家臣を相手方に送り、同盟、降伏、和親の保証とするものである。したがって「証人」ともいい、いずれも生命を担保にされる。違約や相手の都合しだいで、いつでも、

殺される運命にあった。

さて、この人質はいったいいつごろが始まりであろうか。はじめて文献に出るのは、ふつう神功皇后のときとされる。すなわち「日本書紀」には、このころから質として人間を相手方にやり、またはたがいに交換した事例が見え始める。しかし、今日では、神功皇后自身さえ、神話上の人物とするのが一般的だから、人質の起源をここに求めるのは考えものであろう。ではいつかというと、宝亀十一年（七八〇）奥羽の乱に、逃亡者の母を捕えて人質にした例がある。こちらのほうが史実的には、人質起源にふさわしいかと思う。

人質の全盛であった戦国時代の事件を、大ざっぱに分類すると、つぎのようになる。

まず第一は、たがいに交換した人質である。表向きは、この対等の立場の人質交換がいちばん多い。一例をあげておこう。関ケ原まえの微妙な情勢のなかで、前田利長が丹羽長重に両家提携のため弟、利光を証人にすると申し出た。長重はこれに応じ、やはり弟、長元と、伯父、丹羽九兵衛の娘、さらに江口、坂井、大谷三家老の身を人質として差し出している。丹羽方の五人というのは、力関係の差と見るべきだろう。

ついで多いのは武力でとった人質である。天正十三年（一五八五）金森入道長近の嫡男、可重《よししげ》は、秀吉の命によって飛騨（岐阜県北部）に攻め込んだ。領主、三木国綱はこれを防ぎ切れず国外へ逃亡、その娘、弁の君が捕えられて人質となった。身柄は長近のいる鍋山の城へ送られ、長近の妾にされた。人質として監禁されたうえに、妾にまでさせられた悲惨な例である。この一方的な人質要求をみごとにつっぱねたのが、すでに前章で述べた細川ガラシア夫人である。

生きて還った人質と、惨殺された人質とでは、意外なようだが生還したケースのほうが多い。惨殺された例としては、明智光秀の母が有名であろう。信長の全国統一の一環として、丹波（京都、兵庫県にまたがる）攻めを命じられた光秀は、波多野秀治の居城八上《やがみ》城を取り囲んでいた。八上城はかねてより不落の城である。光秀はまったくの苦戦を強いられ、窮余の一策として、秀治、秀尚兄弟に和睦を申し入れた。その証として、みずからの老母を人質として差し出したのである。

秀治、秀尚はいちおう信用し、光秀の本陣へやってきたが、光秀は信長の命によってやむなく兄弟を捕え、安土城へ送ってしまう。命は保証するという光秀の考えに反し、信長は即座に磔にして兄弟を殺してしまった。波多野勢が怒り狂ったのは当然である。報復として明智勢の見守るまえで、光秀の老母を大木に吊し、刺し殺してしまうのである。この事件は諸説あって、いちがいにはいえないが、のちの本能寺の変（一五八二）の一要因であることは、確かであろう。

人質といえば暗いイメージが大きい。最後に少しばかり明るい人質の話をしておこう。羽後（秋田県）では、隣接の小野寺家、秋田家の勢力争いがつづいていた。由利の一党は秋田へつくはずの義理があったが、石沢左衛門尉の母をはじめ、五人の男子と三人の幼女を、小野寺家に人質としてとられていたため、心ならずも小野寺家へつかざるを得ない。

そこへ老母からの密書が届いた。「自分たちはそろって自害するから、秋田方について士道をたてるように。あとに幼女三人が残るが、小野寺方では女子まで害することはあるまい」と書かれていた。つまり、死んで味方を励まそうという悲痛な覚悟である。

由利の一党が秋田家へついて大奮戦したことはいうまでもない。これ以後、由利の一党は小野寺家の支配を完全に離れた。

しかし、さらに後日談がある。小野寺家から、「三女を送り返すゆえ、今後は人質の心配なく、存分の戦をするように」といってきたのである。これに対して由利の一党は、これでは士道が立たぬと、あらためて三人の男子を人質として送り、以後、小野寺家に叛《そむ》かなかった。今日の感覚からすると、いささか眉ツバめいたほどの美談ではないか。

●十一年間の人質生活に耐えた若き日の家康

人質といえば、家康の名を忘れるわけにはいかないだろう。家康の人質時代は、まさに忍の一語につきる。その忍に耐えて天下を取った家康こそ、まさに一代の英雄である。代表的な人質例として、ここで家康の人質時代をふり返ってみよう。

家康の話に入るまえに、どうしても徳川の前姓、松平家の波瀾に満ちた歴史へさかのぼる必要がある。

松平家は東に今川、西に織田の両勢力にはさまれ、弱小豪族の辛酸をなめつくしていた。しかし、七代清康（家康の祖父）はよく一族をまとめ、ほぼ三河（愛知県）を平定するに至った。さらに天文四年（一五三六）四月、清康は駿河（静岡県）の今川義元、甲斐（山梨県）の武田信虎（信玄の父）の諒解のもとに、尾張の国（愛知県）深く、森山に着陣した。

しかしここで思わぬ椿事に見舞われる。手勢の若党、阿部弥七郎の不意討ちをくって、清康が殺されてしまうのである。世にいう「森山崩れ」である。清康、時にわずか二十五歳。松平家の不幸はここに始まる。

ところで、清康は豪勇で鳴らしたが、異性関係でもなかなかのしたたか者だった。三河平定の勢いに乗じて、美貌の誉高い、刈谷の城主、水野忠政の妻、すでに三男一女をもうけていたお富の方を献上させている。力の時代にはめずらしいことではなく、いわゆる略奪婚である。それまでにも二度結婚し、二度めの妻には長男、広忠（家康の父）を生ませている。

さて、清康が死んだとなると、今川、織田両勢はこの時とばかり、東西から三河を蚕食《さんしょく》した。嫡男広忠はわずか十歳である。前途に見切りをつけ、離反する者も多かったが、どうやら独立を保てたのは、ほかならぬお富の方の働きに負うところが大きい。

一門の希望は広忠の成長にかかっていた。そして広忠十六歳の年、お富の方は、刈谷に残してきた水野忠政との間にできた女子、お大を広忠とめあわせたのである。ふたりは義理の兄弟だが、血のつながりはない。

もちろん政略的な意味もある。お大は時に十四歳、母お富に劣らず、才知と美貌に恵まれていた。

そして翌天文十一年（一五四二）十二月二十六日、お大はみごと男児を生み落とした。祖父、清康の幼名をとって、そのまま竹千代と名づけた。すなわち家康の誕生である。森山崩れ以来七年、待望の後継ぎを得て、岡崎城に久しぶりに歓声がわいた。

が、その喜びもつかのま、刈谷の水野家がお大の異母兄、信元の代になって、にわかに離反し織田方についてしまった。松平家ではそのころ、今川家を後楯に、織田家に対していたのである。重縁の間柄である水野の寝返りは松平に対する今川の疑いともなった。水野と絶縁し、異心のないところを示すために、今度は広忠がお大を離別し、刈谷へ帰さねばならなかった。

まさに、因果はめぐる小車の如し、である。

松平の家中では、譜代の家臣間に軋轢《あつれき》があり、広忠の統率力は弱まるばかり。その弱体を衝こうとする織田に対しては、今川に救援を乞うしかない。すると、今川家からの返答はこうであった。

「加勢のことは心得た。が、当世のならわし、軍中の法式なれば人質を申し受けたい」

嫡男竹千代が指名されたことはいうまでもない。時に家康わずか六歳、長い人質時代の始まりである。


天文十六年（一五四七）八月二日、竹千代は輿《こし》で岡崎城を出た。ところが、ここでまた二重の不幸に見舞われる。義理の祖父にあたる戸田康光、改直父子の寝返りによって織田方に奪われてしまうのである。康光に与えられた褒美は銭百貫とあるから、のちの天下人も米三十石で織田方に売られたことになる。

このあいだにも三河の野は、東西の両勢力がぶつかり合い、天文十八年三月、広忠は二十四歳で病没した。さきに生母お大の方に別れ、竹千代はまったく天涯孤独の身となった。悲嘆は岡崎一門とて同じである。この時とばかり織田方では、大軍を擁して来攻するとの風聞が伝わった。松平では今川の援兵を乞い、先手を打って織田信秀の庶子（嫡子以外の子）信広が守る安祥城を攻め、信広を捕えることに成功する。

このあいだ、信秀のあと織田を継いだ信長は、信広と竹千代の交換を受け、竹千代は二年三カ月ぶりで、岡崎に帰ることになった。ところがふたたび今川家から、

「竹千代どのはまだ年少ゆえ駿府へ迎えて義元公じきじきに後見いたすとの仰せである」

と言ってきた。弱い者は強い者のため、品物としてあつかわれる時勢。竹千代は岡崎城に、わずか十日ほど滞在しただけで、ふたたび駿府へ人質としてめされたのである。

竹千代が駿府へ到着すると、現静岡市の少将の宮町へ新しい館を建て、迎え入れられる。

お世話係として、福島正資《ふくしままさすけ》という者がつけられた。この時から義元が桶狭間に敗死するまでの十一年間、年齢でいえば十九歳まで、竹千代すなわち家康はこの館で忍従の日々を送ることになる。

五章

城の攻防ものしり13の考証

――一国の運命を賭けていかに秘術をつくしたか

●築城場所はまず第一に水利のよい所が選ばれた

城は戦いの根拠地である。城が落ちるか落ちないかで、戦いの最終的な結着がつく。それゆえ、敵味方ともその攻防には秘術のかぎりをつくすことになる。ここではまず、防禦のじっさいを述べよう。防禦のかなめはなんといっても、城そのものの構造である。いかに優秀な守備兵がいても、すでに構造上に欠陥があれば城を守ることは不可能である。だから城づくりには、あらゆる技術を駆使して、難攻不落を期するのは当然である。

では、城とはどんな構造になっているかを具体的に追ってみることにする。

城は、おおざっぱにいうと、城塁と堀、櫓、天守閣などから成り立っているが、それらをつくるまえに、城の立地条件をまず考えなければならない。

いっぱんに、城には、山城、平山城、平城の三種がある。山城は山上近くに構えられた城で、平山城、平城と変るにしたがって、山腹から平地へと位置が移っていった。戦国時代には、このうちの平山城が多く、姫路や彦根がその代表である。そして、時代が下るにしたがって、大坂や名古屋、江戸などの平城に移行していくのである。というのは、城の存在意義が、はじめは外敵を防禦することだけにあったのが、時代が移るにしたがい、そこに官庁を兼ねたり領民に威容を誇る必要性が付け加わってきたからである。

このように、城の位置や目的に変遷はあったが、一貫して変わらない城の立地条件があった。それは水の存在である。どの時代のどの城をとってみても、川や湖、または地下水など水利に恵まれていない城はない。水は外敵を防ぐ堀として、あるいは城中の飲料水として、多様な用途がある。水が不足すれば、たちまち城は落とされてしまうといっても過言ではない。『築城記』という築城の秘訣を書いた書物が残っているが、そのなかでも、「山城は守るによいけれども、水がなくてはどうにもならないから、ぜったいに水の手（溜池などの水源）の遠い所に築くべきではない」と、とくに水利の重要性を強調している。

築城される位置が決まると、設計図が作られて、着工されるわけだが、工事は普請と作事の二種類があった。普請とは土塁や堀を作る土木工事のことで、作事とは建物を建てる大工仕事のことである。このふたつの工事のうち、とくに普請は城の優劣を決めるものなので、軍学者が総指揮をとった。作事は普請に比べて軽んじられ、大工たちに任されていた。

●大手門の橋は戦略的に土橋が有利

堀には、よく用いられる水堀のほかに、空堀や沼田堀などの種類がある。空堀など、

ちょっと考えるとものの役にも立たないようだが、じっさいはなかなかどうして有効なものであった。文字どおり水の入っていない堀で、いまのざん壕の巨大なもの。底にとがった石を敷きつめておけば、敵もうかつに突入できない。水があまり多くない山城などにはよくとり入れられた。沼田堀は沼や田に少し手を加えて利用したものである。

このほか、特殊なものとして捨堀というのがある。これは、城の周囲に掘るのではなく、城攻めのとき敵が陣取りしそうな場所に、まえもって作っておく堀で、敵の有利な陣取りを妨げようというものである。

堀の幅は、ふつう十五間（約二十七メー

トル）とされていたが、十二間から二十三間くらいまでまちまちであった。矢玉の命中率の高い距離から割り出されたといわれている。

この堀には橋をかけて、城の内外の通路にしていた。しかし、橋は味方の出撃路になると同時に、敵の城内突入路にもなるので、さまざまな工夫がこらされた。適宜に鎖で釣り上げることのできる拮橋《はねばし》、堀の内側へ引きこめる引橋などがおもなもので、ほかに矢除《よ》けの板を張った蔀橋《しとみばし》などがあった。これらはすべて木製で、敵が突入するような危険性があるときはすぐ焼き落とせるように配慮されていた。

しかし、じっさいに城の橋を調べてみると、けっこう土橋も多かった。ふつうに考えると、土橋は敵が突入したときすぐに落とせないし、防禦のうえから不利のように思える。が、土橋にはもっと深い配慮があった。

水堀は場所によって高低があるから、そのままだと水位が一定しない。そこで、土橋で適当に堀を区切り、水位を一定に保つようにしてある。ちょうどパナマ運河にある、水量を一定にするための閘門《こうもん》のような役割をはたしているのである。守る側にとってみれば、堀が用をなさなくなって、城の周囲全体から敵襲をうけるよりも、その危険性を部分的に限定したほうが守りやすいにちがいない。

土橋を作る理由はそれだけではない。例の『築城記』によれば、「大手（正面）の口は土橋にするがよい」とある。なぜなら、正面の出入口は板橋などでは、逆に敵に火をかけられやすいし、出撃するのにも板橋などよりずっと都合がよいからである。いっぽう、城の背面である搦手《からめて》を拮橋にでもしておけば、守る側は大手の土橋に勢力を集中できるから、守りやすくなる。

●侵入者が桝形でもたつく間に迎撃した

堀の内側に城塁が築かれるわけであるが、城塁が江戸城や大坂城にみられるような石垣になったのは戦国ものちのことで、もともとは土を盛りあげただけの土居がふつうであった。

この城塁のうえに、柵に板を張った板塀や土を塗った塗塀などが立てられた。これに、狭間《さま》つまり銃眼や箭眼《せんがん》（矢を射る孔）があけられた。○（丸狭間）や△（鎬狭《しのぎざ》間《ま》）が鉄砲用、□（箱狭間）が矢用で、ふつう大きさはタテ約四十センチ、ヨコ約二十センチ、使わないときは閉じるように戸がついていた。

この塀も、信長たちが活躍した永禄年間（一四五八―一五六九）には、建物化されて「多門《たもん》」と呼ばれるようになった。松永久秀（一五一〇―一五七七）が大和多門城に最初に作ったのがこの名称の由来である。

この城塁が切れる所が出入口で、虎口《こぐち》と

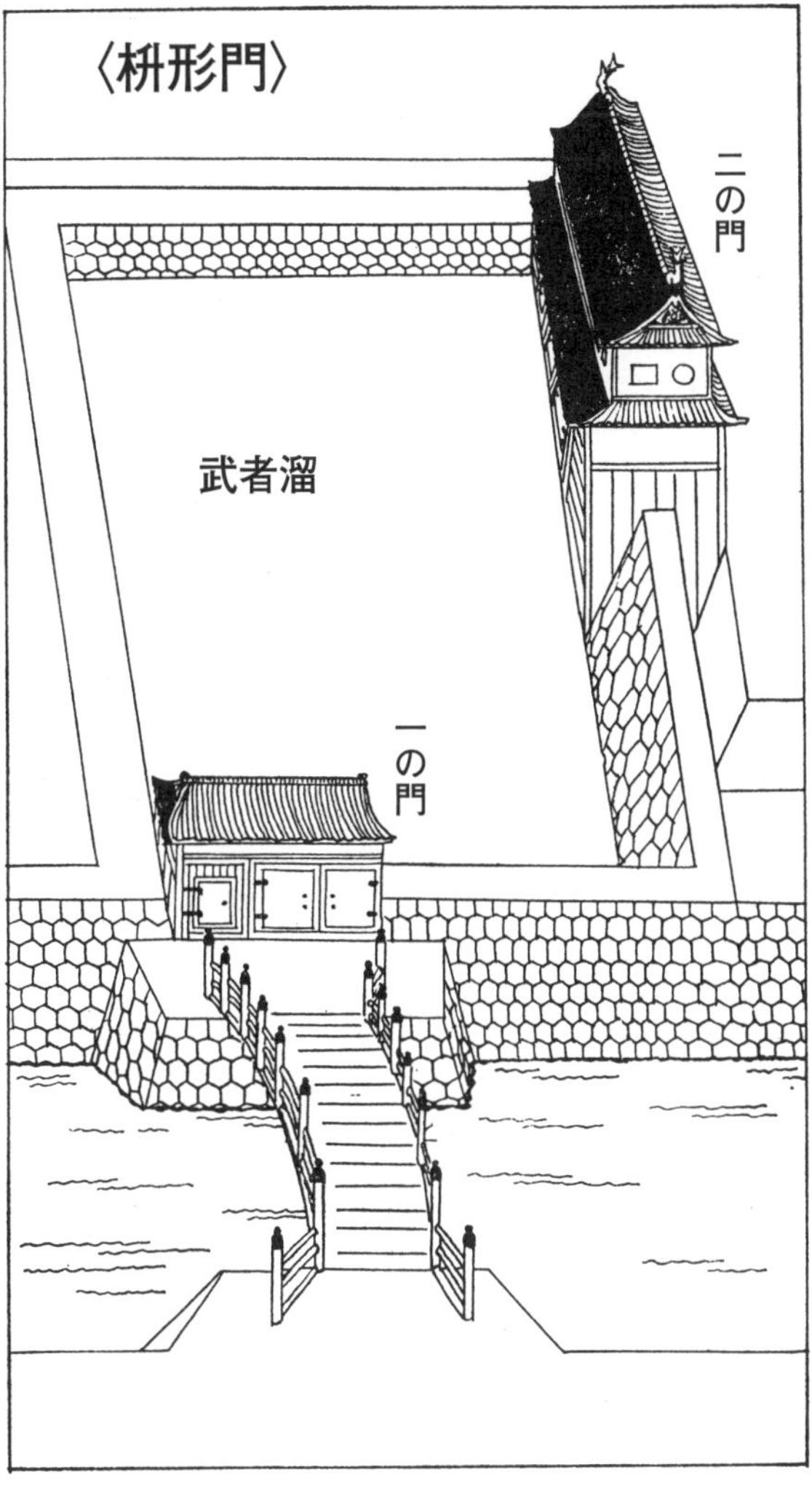
〈枡形門〉
二の門
武者溜
一の門

いう。とうぜん城塁の弱点となるから攻め手はここに目をつける。守り手にとっては、ここが出撃の拠点になる。そこで、虎口にはさまざまな工夫を施す必要がある。

では、どんな工夫が施されていたか。当時の城をしらべると、そのほとんどが虎口は桝形《ますがた》といって長方形の空地になっていた。そして、周囲は城塁で囲まれ、図のように、門がふたつ、直角に位置していた。攻め手はまず一ノ門を破って突入しても、いったん方向を変えてまた二ノ門に打ちかかっていかなければならない。守り手は、攻め手がもたついているあいだに、城塁の上から攻撃できるわけである。この桝形は、ふつう五間（約九メートル）に八間（約十四・五メートル）が標準とされ、「五八の桝形」と呼ばれていた。

なぜこの大きさになったかというと、守り手が出撃するさい、そのころの一部隊である、騎馬約五十騎、歩兵二百四十人がちょうど収容できるので、作戦上軍勢を計算しやすかったからである。用心深い城だと、虎口のまえにさらに、馬手《うまで》という小さな塁を築いていた。

●八方正面櫓《やぐら》は作戦の上で理想的な櫓

いざ合戦となると、城のなかでもっとも重要な働きをするのが櫓である。ふだんはわずかに兵器や食糧の倉庫、人質の監禁室として利用されているだけであるが、合戦時は城主の指揮所として、またもっとも高い攻撃点として威力を発揮する。

つまり、城主はまずここから敵の様子をうかがい、味方の士気を判定して、戦術を練る。完備された櫓であればあるほど、偵察も正確になり、戦術も適切になってくるわけだから、櫓は、いわば戦況を決定づける場所である。しかも、塀や多門より高い位置から矢玉を発射できるので、攻撃も強力になる。

もっともよく利用される櫓は、虎口の桝形の脇にあるもので、着到櫓《ちゃくとうやぐら》と呼ばれる。桝形には、出撃する味方の部隊が集結するので、その士気を判定しやすく、また、敵が攻めよせたときも虎口をめざすので、もっとも敵状を見きわめやすいからである。

では、櫓の形として理想的なのはどんな形であろうか。どの方角も見渡せて攻撃もできる形ということになるが、その条件を満たしたのが八方正面櫓である。江戸城の富士見櫓がこの形式で有名。ほかに実例はきわめて少ない。

● 軍事的には意味のない巨大な天守閣がなぜ作られたか

お城といえばだれでも、まず天守閣の威容を思い浮かべる。それほど、われわれの印象では、城における天守閣の比重が大きいと思われている。しかし、もともとは、天守閣は城のなかでも比較的高い櫓を、便宜上そう呼んでいたまでのことである。

記録によると、尾張楽田城の天守閣は、五間（約九メートル）に七間（約十三メートル）というから、われわれのイメージにある天守閣の十分の一にも満たないミニチュアサイズである。じっさい、たんに軍事的な見地からみれば、安土城や大坂城のようなバカでかい天守閣は不必要だったのである。

では、なぜ信長たちは壮大な天守閣を作ったのか。それは、城の役割が、たんに軍事的な必要だけでなく、領民を畏怖させる領主の権威の象徴という政治的な意味も加味されてきたからである。こうして、天正四年（一五七六）に信長が安土城を築いて以来、天守閣は城主のステータスシンボルとしての役割をはたすために、大規模な構造になっていった。なかには、天守閣の建物だけで二十間（約三十六メートル）もあったというから、土台の石垣の高さを入れると、十五階建てのビルと同じくらいの高層建築もあったことになる。

ところで、天守閣はふつう、城の西北隅に築かれた。城は、だいたい南か東が大手、つまり正面になっていたので、西北隅はそこからできるだけ離れた場所というわけである。南が大手の場合などは、東北隅も考えられるが、この方角は方位学上鬼門とされてきらわれたので、実例はきわめて少ない。

なお、天守閣の屋上にあるしゃちほこは火除けのまじないである。仮空の魚しゃちはよく潮を吹いて火災を防ぐという故事に由来し、禅宗の寺が用いていたものを、室町末期から借用したのである。それ以前は虎などが取りつけられていた。

城とまぎらわしい砦についても、かんたんに述べておこう。砦は、時には城とおなじ程度の規模の場合もあるが、あくまでもその施設が一時的な必要で作られ、永久的でないものをいう。構造は城を簡略化したものと考えてよい。

では、どんな場合に作られるかといえば、戦場と本城が離れていて途中に連絡場がほしいとき、本城が包囲される恐れがあって脱出口をあけておかねばならないとき、逆に敵の本城と出城などの連絡を断ち切るときなどである。

●名将は城攻めより野戦で勝負した

城攻めは、野戦ほどのはなばなしさに欠けるが、数多くの落城悲話にみられるように、一国の運命、一族の運命を決める決戦である場合が多く、戦国を語るには欠かせないメインテーマのひとつである。

ところで読みすすむまえに、ひとつ知っておいてほしいことがある。それは、戦国では、城攻めはほんとうに最終的なやむを得ない場合にしか行なわれなかった、ということである。小さな砦や出城の戦闘は別である。それらの取り合いは数多く行なわれた。ここでいうのは、本格的な築城による城への攻撃のことである。これらへの攻撃は、じつに数少ない。つまり、それだけ攻めにくかったのだ。

中国の兵法書『孫子』にも「城攻めは敵の十倍の兵がなければしてはいけない」とある。攻撃と防禦では、原則的には、攻める側に利があるが、天嶮《てんけん》に拠った城を攻めるときは、はるかに籠城側が有利である。

豊臣秀吉が小田原城を包囲したとき、三カ月も攻めたが落城しなかった。小田原城は、町人の住居地域も城のなかにくり入れた、進歩的な堅城である。陣中には城攻めの名人毛利元就の三男小早川隆景が従軍していたので、秀吉は隆景を呼び、「おまえの父は城攻めの上手だが、なにかいい方法はないか」と聞いた。それに対し隆景は、「城兵が多く兵糧も豊かな城は、仲間割れを待つより仕方がない」と答えたという。

徳川家康も関ケ原の合戦のとき、大垣城に立て籠った西軍を無視して本隊を関ケ原に進め、西軍の主力をおびき出している。名将はできるだけ城攻めをせずに、勝負を野戦に持ち込むようにしたのである。

●城攻めで勝つための戦略とは?

それでは、実際の戦闘はどのようにして行なわれるのだろうか。その模様を記述してみよう。

いよいよ開戦。攻撃側は、鬨《とき》の声をあげ、大将の下知《げち》（指令）でいっせいに城に攻め寄せる。

まず、攻撃側は、なんとしても城の一角を占領して橋頭堡《きょうとうほ》（最前戦の拠点）を作ろうとする。城門に対しては、太い丸太を数十人の足軽がかかえて突入し、扉を突き破ろうとする。いっぽう、堀や川には土のう、材木を投げこんで足場をつくり、城壁に殺到する。空堀や浅い川なら一気に押し渡って、城壁にとりつく。城壁といっても戦国前、中期ごろは、まだほとんどが土塁である。そこに、現在でいえば工兵隊の足軽がハシゴ、材木をたてかけて突破口をつくり、城内に斬り込んでゆく。この間、攻撃側が弓、鉄砲で掩護《えんご》射撃を行なうのはもちろんである。

かたや守備側。堀や川には水底に乱杭《らんぐい》と呼ばれる綱を張った杭をはりめぐらし、城門の前面には、鹿砦《さかもぎ》という先を鹿の角のようにとがらした木を植えつける。バリケード兼鉄条網だ。城門にすじかいを入れて補強するのはいうまでもない。土塁のうえには柵を組み、大石、材木を多数用意して、城壁にとりついた敵兵を下敷きにする。もちろん、攻めよせてくる敵兵に土塁、矢倉のうえから、あるいは矢狭間《やざま》と呼ばれる銃眼から、文字どおり雨あられと矢、鉄砲玉を射かける。

これに対して攻撃側は、太い竹をたばね

た竹束を先頭に持ち出して矢玉を防ぐ。守備側は、火矢をはなってその竹束を焼いてしまおうとする。

守備側も、ただ籠城しているだけではない。攻撃側の気勢がゆるんだとみれば、城門を押し開き、敵陣に斬り込んでゆく。押しては退き、退いては押し、まさに丁々発止の競り合いである。

攻撃側が城の一角を突破して占領しても、まだまだ落城まではほど遠い。ちいさな出城や砦ならともかく、大将が居すわる本城ともなれば、本丸、二の丸、三の丸とそれぞれが独立した小城のような形態をとり、堀や絶壁によって遮断されている。しかも、ほとんどが要害の地に築かれた山城である。けわしい尾根や谷のそこかしこで、激しい戦闘がくり返される。

そして攻撃側の猛攻で三の丸、二の丸が打ち破られ、本丸も風前の灯――となれば、一族郎党が血路をきりひらいて大将ともども他国へ亡命、そうでなければ枕をならべて討死、あるいは切腹し、本丸には火をかけておなじみの落城シーンとなる。

と、これがあるべき戦国の城攻めの姿だが、こんな型通りの城攻めは、それほどないのである。あっても、ほとんどは長い包囲戦の後である。城攻めは籠城側の十倍以上の戦力を必要とし、短兵急な正面攻撃を挑めば、多くの損害を覚悟しなければならない。城攻めは急いではいけないのだ。

そこで、ほとんどの城攻めは、まず地形を見て向城《むかいじろ》を築く方法をとる。向城というのは、相手の城と向かいあって、攻撃側でも土のうを積みあげ、柵を結んで作る攻城陣地である。こうして防備を固くしてから、そろそろと敵をあしらいながら、すこしずつ押し寄せるのが、一般的な城攻めの戦術であるといってよい。

●心理作戦で桑名城をおとした豊臣秀吉

力にたよっての全面攻撃が、攻撃側に利あらずとなれば、それなりの知略をたてなければならない。

このようなとき、多くつかわれた戦術は、敵の家臣を寝返らす謀略である。たいていは、出陣まえに十分な根回しをしておくのだが、即興でこれをやったのが豊臣秀吉である。

天正十一年（一五八三）、伊勢の桑名に滝川一益《たきがわいちます》（一五二六―一五八六）を攻めたときのことである。一益は織田信長の麾下《きか》でも指折りの謀将。一説には乱破《らっぱ》の出身といわれる部将である。しかも伊勢は彼の本拠地で、出城の守りもなかなか固い。得意の夜討で秀吉の軍勢を破ろうとした。地理に不案内な侵入軍には、夜襲がいちばんの苦手である。

秀吉はもちろん、このことを予期していた。そして即興的に考えたある謀略を実行することにした。いっぽう、一益はみずから手兵をつれて、勇み立って城を出た。劣勢をこの夜襲で一気に挽回しようという魂胆である。

とそのとき、不意に周囲の山やまに、怪しげな火が点滅しはじめた。だんだんその数が多くなる。またたくうちに全山ことごとく怪火の点滅でおおわれた。

驚いてふり返ると、海上にも同じような火が燃えている。それがいっせいに桑名城へ向かって移動しはじめた。敵が本城を狙っている。さすがの謀将も驚きあわて、城を守らねばと早ばやに夜襲をあきらめて引きあげた。闇夜の火は大げさに見えるもの。山秀吉はその心理的な効果を狙ったのだ。山にも船にも篝火《かがりび》をたいたが、それほど兵士を動員したのではない。松明を持たせて山を歩かせたにすぎないのだ。

と、ここまでは、いってみれば、よくある話である。ふるっているのはこの後だ。秀吉は同じ手で滝川方の出城を脅かしたのだ。おまけに城のすぐ前まで行って、

「桑名城はとっくに落ちたぞ。もう降参しろ」

と、贋の宣伝を行なった。守備堅固といっても出城である。守備兵は心細い。まして、山を埋めつくす正体不明の怪火を見たあとのことである。城兵はつぎつぎに投降し、あっけなく落城した。

そのあと、桑名城もまた戦いらしい戦いもしないうちに、滝川一益自身が船で逃げ

だして落城、残兵二百人ばかりが、城門をひらいて降伏した。いかにも秀吉らしいユーモアに富んだ城攻めである。

●徹底的な兵糧攻めで人の肉まで食べた

秀吉は、その生涯に数多くの戦を経験しているが、彼がもっとも得意としたのが大軍を擁しての城攻めである。しかも各城の条件に応じて、さまざまな城攻めのパターンを駆使している。前項では怪火による心理戦術で桑名城を落とした。さらに二項目にわたって秀吉の城攻めを見ていこう。

天正九年（一五八一）の鳥取城攻略戦。秀吉はここで、かつてない攻城法を採ることにした。兵糧攻めである。味方の兵は一兵も損なわず、敵を干乾にしようというのである。四章で述べたような謀略で城の貯蔵米をはき出させ、また因幡《いなば》国の米を買占めたあと、秀吉は姫路城を出発した。総勢四万六千人。

いっぽう鳥取城。毛利方は一族の吉川経《きっかわつね》久《ひさ》を救援におもむかせ、守りを固めた。鳥取城は北方に海をひかえ、東南は大川に臨んだ堅固な山城である。ここに城兵約四千人が石火矢《いしびや》、鉄砲をそろえて籠城の体勢をととのえていた。やがて鳥取城に到着した秀吉は、城の東にある摩尼帝釈《まにたいしゃく》山に本陣をかまえ、予定通り兵糧攻めにかかった。六月下旬のことである。

兵糧攻めとはどのようにするのかといえ

ば、まず城の周囲に堀を掘り、高々と塀を建てまわす。もちろん柵、乱杭、鹿砦などの障害物をもうける。そして前後二里ばかりのあいだにすき間なく築地をきずき、ものかげに陣屋を建てならべるのであった。つまり半永久的な陣城を作って、ぐるりと敵城を包囲するのである。

昼間はその陣屋から出て警戒にあたり、夜は篝火や松明をすき間なくともし、夜番、廻り番、遠見役が絶えず厳重に見張っている。こうして敵城を完全に封鎖し、内外からの連絡を断つのである。もちろん敵の援軍に対する、後方の警戒にも相当の兵力をあてる。鳥取城の場合、秀吉は海上に三百隻の軍船を浮べ、毛利の水軍にもそなえていた。

さて、こうなると籠城側はまったく網のなかの魚、檻のなかの獣である。ときには城門を開いて討って出ても、秀吉のほうで相手にしない。土手のうえから鉄砲を射ち返すぐらいのものだった。毛利方では援軍として吉川元春、小早川隆景を送ったが、警戒が厳重で城へ近づけない。海上からも援兵や食糧を送りこもうと、二十隻の軍船で漕ぎよせたが、たちまち待ち伏せていた三百隻の攻城軍にたたかれてこれまた失敗、鳥取城はまったく孤立してしまった。

籠城側は三カ月めの十月中旬になるといよいよ食糧がなくなった。城兵も奥殿の女房たちも顔色はどす黒くなってキリギリスのように痩《や》せ、食べ物はないかと城内を探しまわる。松の甘皮を食べた。犬はもちろん、かたつむり、なめくじまで食べた。はき捨てられたわらじさえ、腹の足しにと奪い合った。つぎには馬を刺し殺して食べたが、中毒して多くのものが死んでいった。

なかでも悲惨なのは、脱走者を食べたことだ。柵を乗り越え逃げだそうとする城兵を、攻撃側が鉄砲で撃ち殺した。すると、まだ死にきれず虫の息になっている仲間を、引きずりこんで城兵たちが、小刀や鎌で肉を削り取って食うのだ。「首のつけねがいちばんうまいぞ」などといいあって、その辺の肉を奪い合うさまは、さながらこの世の地獄だったと『太閤記』は表現している。

いっぽう秀吉側は、すっかり長期戦のかまえで酒を飲んで月見の宴をはり、築地内の陣屋周辺には急造の町家が十町あまりもならんで餅、魚、野菜などを売っている。遊女も進出してきて、さかんに男を引っぱっている。その様子が小高い城内から、手にとるように望見できるのである。ぐっと戦意が落ちたのは、いうまでもない。

さすがの勇将吉川経久も、この見るにしのびない修羅地獄になすすべを知らず、ついに経久以下三人の切腹を条件に降伏を申し込んだ。こうして城将三人が死に、鳥取城は陥落した。

以上が鳥取城の兵糧攻めである。城兵四千人に対し、攻城軍は四万六千人。これほどの兵力の差があるのなら、力攻めにしても落ちるには落ちたかもしれない。しかし、あえてそれをやらずに、兵糧攻めという味方にほとんど死傷者が出ない戦術を採ったところに、秀吉の真骨頂がある。大仕事の中国攻略のさきゆきを考えての、現実的な兵力温存作戦であった。

●水攻めで大失敗した石田三成

秀吉の中国攻略はさらにつづく。鳥取城を落としたあと、秀吉麾下五万の軍勢は高松城へと進軍する。高松城の立地条件を見たうえで、秀吉はここの攻略法を水攻めと決めたのである。

高松城は岡山県吉備郡にあった毛利方の前線基地、守る大将は清水宗治（一五三七―一五八二）である。秀吉方五万の軍勢に対し、城兵はわずか二千であった。高松城は低地の小さな丘に位置する平城である。南に足守川が流れ、東・西・北は沼に面した要害の地で、一旦事あるときは橋を切って落とし、みずから浮島となって敵を寄せつけまいとする配慮からこの地を選んだ。秀吉はこれをみごとに逆手にとったのである。

高松城の周囲三里（約十二キロ）に基底部で幅十二間（約二十二メートル）、頂上で六間、高さ同じく六間の堤をわずか十日あまりで完成させたという。注水後十日目には城壁を越えて泥水が城内に侵入し、人が住むどころの騒ぎではなくなってしまった。まさに泥海に浮く小島と化したのである。この一本の矢玉も射かけない攻撃ともいえぬ攻撃に、さすがの良将清水宗治も、籠城わずか一カ月で降伏、切腹して果てた。本能寺の変二日後のことである。

この秀吉のつかった水攻めは、正確には「灌流攻《かんりゆうぜめ》」と呼ばれる。水攻めにはこのほか「乾渇攻《かんかつぜめ》」という水利の悪い城の飲料水を断つ方法がある。乾渇攻の実例はのちに述べるが、灌流攻は秀吉の例でもわかるように堤の築き方が難しい。

『兵法一家言』という兵法書にも、「但し城と堤との高低をくわしく測量して取り掛かるべし」とある。高松城では大成功をおさめた秀吉も小田原城北条氏攻めのときはこの灌流攻で大失敗をしている。

天正十八年（一五九〇）武州（埼玉県）忍城を攻めたときのことである。寄せ手の大将は石田三成（一五六〇—一六〇〇）。高松城と同じ平城の忍城に対し、三成は水攻めをとった。数日にして城は大半を水に沈められ、落城寸前となった。ところが、深夜、城内から舟に乗った決死隊があらわれ、堤を突き破ったのである。結果は火をみるより明らか、濁流が攻撃側の陣屋をひとたまりもなく押し流し、秀吉軍は大敗北となった。とくに大将石田三成は、水に流され、あわや溺死寸前のところを家来に救助される始末だった。ひとくちに水攻めといっても、なかなかむずかしいのである。

●敵城の中心を狙う地下道戦術

城中に強い櫓があって、攻めにくい場合は、味方の陣地から穴を掘ってその下までゆき、火薬で櫓を吹きとばす作戦をとることがあった。この作戦の創始者は中国の雄毛利元就（一四九七―一五七一）とされている。

永禄元年（一五五八）、石見《いわみ》の温湯《ぬるゆ》城を攻めたときのこと。元就は近くにある石見銀山の鉱夫を使って十五日ほどで城内まで地下道を掘り進めさせた。ところが敵もさるもの、この毛利方の動きを感知し、城内からも穴を掘りだした。それが地中でぶつかったのである。まっ暗闇の穴のなかで、すさまじい取っ組み合いを演じた。『毛利元就記』はこの情景を「穴の内にてもせり合えり」と記している。

この地下道作戦は、毛利元就の後にもいくつか行なわれたようで、記録もかなり残っている。たとえば豊臣秀吉が滝川一益の甥儀太夫《ぎだゆう》を伊勢の峰の城に攻めたときのこと。小城なのに四、五十日たっても落城しない。そこでこの地下道戦を開始した。ところが、籠城方はこれを見破り城中からも掘り出し、焼草を鉄砲の火薬にまぜて穴のなかで爆発させ、鉱夫をことごとく焼死させた。現在でいえばナパーム弾を使ったような、戦国のすさまじい塹壕《ざんごうせん》戦である。

なかなか成功例がないが、これは掘った土の処理や人の出入りで籠城側もすぐ、それと気づくからであろう。もっとも『軍法極秘伝書』には、この地下道掘りの音を聞きつけるために、籠城側は大きな瓶を伏せて地中の音を瓶にひびかせよと教えている。これを「壺聴《つぼぎき》」という。これに対して攻撃側は、穴が櫓の近くまでいったら、鉄砲を乱射してその騒音で、穴掘りの音を消す作戦をとる。掘り出した土は土塁を高くして、敵の狙い撃ちをさけ、あるいは穴掘り作業を隠すのにつかう。

ところで、この地下道作戦は慶長十九年（一六一四）の大坂冬の陣でもつかわれている。作戦立案者は藤堂高虎《とうどうたかとら》（一五五六—一六三〇）。彼の家中には、武田家滅亡のとき召し抱えた甲州の金掘りがたくさんいた。それをつかって、大坂城内まで掘り入り、城を一気に爆破しようとしたのだ。天下の名城を一発で瓦礫にしようという、必殺の地下道作戦である。

この計画は、穴が堀の下を潜り、城内にやっととどいたときに中止となった。大坂方が和議を申し込んできたためである。だからどれほどの威力を発揮できたかはわからないが、内輪にみつもっても、大手門ぐらいは爆破できたろうと思われる。

●籠城の際、食糧を運びこんだら城外の民家は焼き払う

攻撃側が、いままで述べてきたようないろいろの戦術を駆使するあいだ、籠城側はどのように対応するのであろうか。ひとつひとつの戦術への対抗策はそのつど示してきたが、ここではその基本的な方法を述べてみよう。

いうまでもなく、攻撃側はこの城がかならず落とせるという自信がなければ、国境線を越えて攻め込んでは来ない。だから、守備側の大将は籠城を決心するからには、敗けても降参ということはなく、切腹しか身の処置はないものと決死の覚悟を固めなければならない。それを嫌って和議を申しこんでも、戦って負けた場合とほぼ同様の条件しか得られないのが、戦国の常識である。

そこで籠城。城であるかぎり籠城の準備は日常怠りなく行なわれているが、いよいよ籠城となるとまず米、大豆、薪、味噌、塩、ぬか、わら、乾魚、海草などを大量に城内に運びこむ。水を確保することは、いうまでもない。

城内には非常用として土に埋めた炭や、葉が食用になる木が植えられている。そのほか、城外の民家にある鍋、釜、畳、筵《むしろ》、こもも城内に運びこむ。敵に使われるのを防ぐとともに、ふくれあがった籠城兵の食住をまかなうためである。

食糧を運びこんだら、城外の民家は焼きはらってしまう。火攻めを防ぐためだ。城も火攻めをうけやすい門、櫓などは泥で塗り固める。橋を落とし、城下の井戸には不浄物を沈め、敵がつかえないようにする。平行して乱杭、鹿砦、柵作りも急がれる。

これでほぼ籠城準備は完了、いよいよ籠城となるが、『兵法雄鑑』に記す籠城心得のうち、おもなものを並べてみよう。

一、籠城のうち食物は一汁一菜たるべきこと。

一、敵が城外へ寄せ来って後は、城中よりみだりに高き物をあげ、外へ見ゆるようにすべからざること。

一、奇怪ふしぎの事や、万事の吉凶一切言うべからざること。

一、高声、小唄、大酒を禁ずべきこと。

一、敵よりの飛書や落し文は開き見ず、かならず大将に差し出すべきこと。

まず一番に食事の制限をあげているのは、もちろん兵糧攻めに備えるためである。最後の一条は敵のデマ封じである。

●米を飲み水に見せかける必死の策略

このようにたいせつな水や食糧も、ときと場合によっては、おしげもなくつかわれている。城にとっては水は最大の必需品であり、築城にもまず飲料水を確保することが鉄則である。大将が居住する本城はともかく、急造の出城や砦はともすると戦略第一に築かれるので、水利は二の次になり、いざ籠城となると乾渇攻をかけられてしばしば立往生した。

たとえば柴田勝家の近江長光寺城籠城のとき。寄せ手の大将は六角承禎《ろくかくじようてい》。元亀元年（一五七〇）五月、承禎は勝家の立て籠る長光寺城を総攻撃した。勝家は必死に防戦したが、多勢に無勢、あっというまに総構えを破られ、本丸を残すだけとなった。

ところが、さすがに剛勇をもって鳴る勝家は、何回となくみずから斬って出て、寄せ手を数多く討ち取り、本丸を明け渡さない。承禎は攻めあぐんだ。

ところが、そこに近郷の百姓がすばらしい情報をもってきた。長光寺城には井戸がなく、城外から懸樋《かけひ》で水を取っているというのだ。承禎はさっそく、その懸樋を切りたおして、長光寺城を乾渇攻にした。

この乾渇攻にあって、籠城側の飲料水は、またたくまに底をついてしまった。それでも五月いっぱいは、ときおり降る五月雨の軒のしずくを溜めておいて渇をしのいだが、六月（新暦七月）にはいると炎天がつづき、六月三日には二石（約三百六十リットル）入りの水瓶三つになってしまった。

勝家はこれを見て、いよいよ最期と決心を固め、上下の士卒をあつめて、これが最期の思い出と、水盃で乾杯し、薙刀《なぎなた》の石突きで三つの瓶をすべてたたき破った。明けて四日、勝家を先頭に承禎軍に突撃し、必死の猛攻でかえって敵を破った。有名な「瓶割り柴田」の逸話である。

この乾渇攻を防ぐには、水がなくてもあるように見せかけるのがひとつの手段である。それには米を使う手がある。米を上からふり掛けたり流したりすれば、遠目にはまるで水のように見える。天文十四年（一五八六）、島津家久が大友方の鶴城を攻めたとき、籠城側はこの策略を用いている。『豊薩軍記』からその箇所をひろってみると、

「西の口に多く馬を引出し、白米をもって湯洗いをする体にもてなし、敵にこれを見せたりければ城中に用水があると心得えて、水の番をば引きにける」

とある。望遠鏡などがなかった戦国時代には、こうした策略も通用したのであろう。

六章

忍者ものしり6の考証

――この時代はどこを向いてもスパイだらけ

●「忍び」のテクニックは中国伝来

間諜は間者、諜者、忍の者などいろいろに呼ばれる。戦時、平時を問わず敵地へ潜入し、敵状を偵察するばかりでなく、後方をかく乱して戦いを勝利にみちびくのがその任務である。

戦国時代には、じつにいろいろな人間が間諜に使われた。武士はもちろん諸国を歩く行商人、放下僧《ほうげ》、芸人、盲人など。武田信玄は関所がフリーパスの巫女をひそかに間諜に使っている。とくに定められた忍者だけが間諜として活躍したのではないのである。とにかく身分や職業に関係なく、すべての人間が間諜として働いたと思えばいい。

しかし、すべての人間といってもこの仕事には、目から鼻へ抜ける鋭い勘、さわやかな弁舌、臨機応変の機転といった才能が要求される。長いときには五年や十年がかりの仕事にもなるので、人一倍の根気もたいせつである。現代のスパイと同様、その条件はなかなか厳しい。この仕事は命がけであった。

しかも目的のためには手段をえらばず、卑劣きわまりない奸策《かんさく》も平気で用いねばならない。たとえ成功したとしてもその任務の性質上、功績は人知れず埋もれがちで、記録や史書には残らない。

ために名誉を重んじる正規の侍は、これを蔑視する傾向が生まれ、しだいに間諜は足軽、下心など身分のひくい者が専任するようになった。

また、戦国の世が長びくとともに、間諜術は専門化し、その技術も急速に進歩した。そして、おなじみの忍者の出現となる。ちなみに中国には「細作《さいさく》」という間諜機関があり、日本の間諜術も多く大陸から伝えられたものといわれる。

ところで、はじめて忍者という間諜があらわれたのは、足利九代将軍義尚（一四六五―一四八九）のとき、長享年間のこととされる。

義尚が近江に佐々木高頼を攻めたとき、佐々木方についた伊賀の河合安芸守の一族家臣が、忍びとして抜群の功績をあげたのがそのはじまりである。以後伊賀者、甲賀者は、各大名に間諜の巧者として召しかかえられ、重宝がられるようになった。

忍者には上忍、中忍、下忍の別があり、身分制度は厳格をきわめた。上忍は世襲の豪族で謀略戦を立案する。下忍はそれを実行する兵隊で、もっぱら忍術をつかうのは彼らである。中忍というのはその中間で、下忍の組頭的存在であった。

●金しだいで諸大名を渡り歩く忍び

この忍者と同じように、敏捷に山野をかけめぐって間諜を働いたのが素破《すっぱ》、乱破《らっぱ》と呼ばれる正体不明の集団である。素破と乱破の区別は明確でないので、ここでは乱破に統一することにしよう。

正体不明というのは、ピンは忍びのプロからキリは盗賊まがいのものまであって、「乱破とはこれだ」と定義しにくいからである。

三田村鳶魚《みたむらえんぎょ》はその著『江戸の白波』のなかで、乱破を「泥棒であって泥棒でないもの」としている。

まさに乱破は戦国の無法者集団といった趣きだが、実際もそのとおりで、かなり荒っぽいことをやっている。たとえば北条氏が扶持していた風間小太郎《ふうまこたろう》。二百人ほどの手下をもつ有名な乱破大将だが、彼の本業は箱根の山賊である。それだけでは足りなくて海賊も兼ねていた。こんな盗賊集団が北条氏に事あるときは、一族をあげて特別任務につくのである。

天正九年（一五八一）の秋、武田勝頼が相模に進出して、小田原勢と対陣したときのこと、風間は手下を四手にわけ、雨の夜も風の夜も、黄瀬川《きせがわ》の急流を無造作に渡って、勝頼の陣を襲撃した。人を生捕ったり、つないであるたくさんの馬をとき放ったり、鎧や冑を奪ったり、ここかしこへ放火したり、さまざまなことをして武田勢を悩ませたのである。この風間の活躍に、さすがの勝頼もなすすべを知らず、一戦も交えずに引きあげてしまった。

この翌年、勝頼は織田・徳川連合軍に破れて自刃、武田家は滅亡することになる。

風間を例にとったが、これが乱破の本領である。合戦のときこそ忍者、乱破が勝敗の鍵をにぎるほどの目ざましい活躍をしたのである。合戦時には、少なくとも二、三百人、多い場合は千人、二千人の部隊を組んで、山蔭や森の中に隠れて敵の物見を捕えたり、食糧、弾丸を奪ったりする。そして、機を見て敵の不意をつく(古くはこれを「村かまり」「里かまり」「伏《ふく》かまり」というう)。つまり、乱破は戦国のゲリラなのである。

乱破には、風間のようにひとつの大名の仕事だけをする者もあるが、大半は金しだいでいろいろな大名を渡り歩いた。彼らには一般武士のように主従といった感覚はまるでないのである。

さながらアフリカの外人部隊である。もっとも大名にしても、あまり乱破を信用せず、せいぜい敵状偵察や後方かく乱にしか使わない。百人、二百人とかかえこんだといっても、便宜の臨時雇いであった。

少年秀吉を橋の上でけとばした蜂須賀小六(一五二六―一五八六)も、尾張に住みながら、美濃の斎藤道三の仕事を請けおう乱破の類いであった。本来、小六は豪族だが当時は豪族も野伏も乱波もけじめがつかない。のちには、阿波一国二十五万石を領した大名家も忍びのひとりだったと言えないこともないのである。

そういえば秀吉、小六の出世の出発点と

なった美濃墨股《すのまた》の築城も、小六がゲリラ戦に通じていたからこそ、成功したのだろう。

●「くノ一」はなぜ信用されなかった?

伊賀、甲賀の忍術書『忍秘伝《にんぴでん》』という奥義書に「くノ一」という忍術の一手がある。つまり「くノ一」とは女という字の分解表現。つまり「くノ一」の術とは、女をスパイにつかう、あるいは女を利用してスパイをする間諜術である。

その方法として『忍秘伝』には、女を敵将の奥方づきの女中などに住みこませるとあるが、どんな間抜けな敵でも、そうやすやすと身許の怪しい女を奥女中に中途採用するとは思えない。これはそう単純な方法ではなく、もっと手のこんだやり方をいうのであろう。たとえば、政略結婚した姫君についてくる奥女中が、間諜まがいの行為をすることなどがそれである。また、普通の忍者が奥女中の従者に化けて入りこむ、あるいは長持のなかに入って潜入するといった方法も使われたであろう。

ただし『忍秘伝』には、女は口が軽く思慮の浅いものだから、よくよく注意しなければならないと但し書きがある。つまり、あまり信用されていなかったのだ。

といっても、奇想天外な女間者を考えだした人間がいる。その名は武田信玄。まえにも触れたように巫女を間諜につかったのだ。それもひとりやふたりでなく数百人である。

永禄四年の川中島合戦で戦死した望月盛時の妻千代女という女性を巫女頭にし、信州の弥津《ねづ》村というところに住まわせた。そこから巫女たちは、毎年、旧の正月から四月にかけて諸国に旅立って行く。行く先は東国一帯から東海地方、遠くは京都、紀州あたりまで。信玄の情報収集活動には、まさに絶好の地域である。

そして十一月か十二月になると、巫女たちは弥津村に帰ってきた。その巫女から巫女頭の千代女は、諸国の情報を詳しく聞き、信玄に報告したのである。

巫女は、神につかえる身ということで、関所はほとんどフリーパスである。だれも白い水干まがいの着物を着た巫女たちが、武田家の女諜者とは思わない。そんな盲点をたくみに利用した一級スパイであった。

●忍術はチャチなものだったが実戦では役に立った

忍者がなにやら呪文をとなえ、印《いん》を結ぶとドロンと消えたり、あるいは数十メートルもある天守閣まで一気に飛びあがったりという忍術が、じつは立川文庫の創作だということは、すでに常識である。

もっとも猿飛佐助には実在のモデルが存在したようで、それは伊賀の上忍藤林長門守につかえていた「下柘植《しもつげ》の木猿《きざる》」という下忍であるといわれる。この男は猿のよう

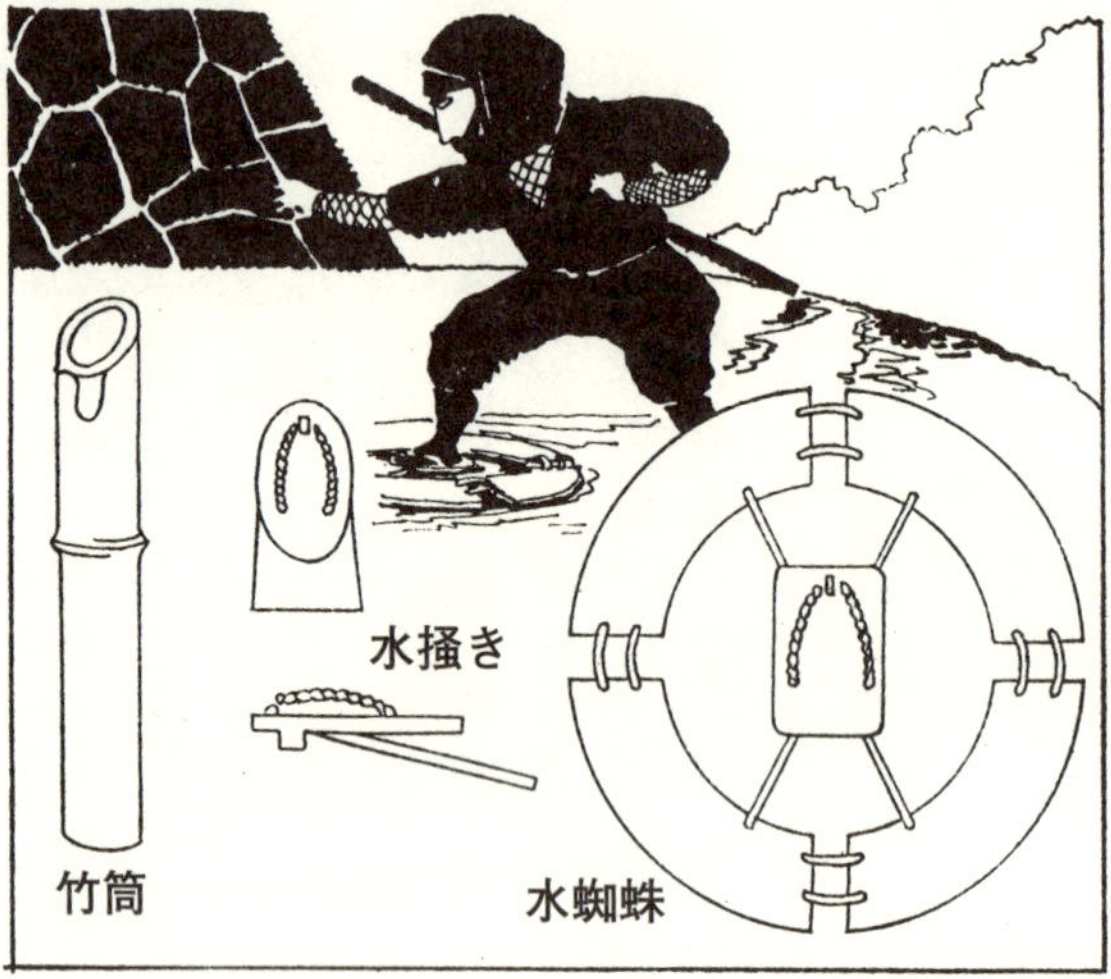

に木から木へ飛びうつることができたというから、まさに猿飛佐助の名にぴったりである。

ところで、最近物理的な忍術否定論が横行している。それはそれでいいのだが、ただひとつ忍術で見落とせない事実がある。その手口や使う道具は、現在のエレクトロニクスまで駆使したスパイ術とは違ってずいぶん幼稚だが、きびしい訓練によってある程度実戦に役立てていたことだ。やや納得できる幾つかをあげておこう。

陰中陽《いんちゅうよう》の術＝敵に怪しまれたとき、犬や猫の鳴き声を出して犬猫と思わせる。また壁の内にいても、壁外でする声のように聞かせると、賊はそちらに注意をそらせる。

狸退《たぬきび》きの法＝敵に怪しみ追われたとき少しもあわてず、しっかりしたことばで「敵は向こうへ逃げた。二、三人で追っかけて行ったぞ」と言って、自分はいち早く横道へそれてしまう。

鶉隠《うずらがくれ》＝夜間、敵に発見されそうになったとき用いる術。うつ伏せになって息を殺す。仰向けでは闇中でも顔の色を見られ、自分でも臆病な気がおこる。忍者の服は柿色が多く、この色は闇にまぎれ、黒より目立たない。

観音隠《かんのんがくれ》＝鶉隠の反対で、大胆に立ったまま棒のようになっている術。敵の意表をつき、あんがい発見されない。

ちなみに、忍者が呪文をとなえ、印を結ぶのは、敵中で窮地に追いつめられたとき、動揺する精神を静めるためである。この呪文は九字護身法といい、真言密教に由来するものであった。

●武者修行の最終目的は、チャンスをつかんで出世することにあった

間諜には、じつにさまざまな人間がつかわれたが、武者修行もその隠密行の一手段と見られないことはない。

武者修行は、足利末期の天文十一年（一五四二）に中国の武士山内源兵衛が修行の旅に出たのをはじめとする。それ以後、各地に武者修行者が輩出した。これは応仁の乱以来、各大名のはげしい盛衰により、多

くの浪人があふれ出たためである。つまり、武者修行とは試合に勝って武名をとどろかせ、それを足場にして仕官の口をみつけるための売り込み手段であった。だから上泉秀綱、塚原卜伝といった高名な武芸者になると、演出効果をねらって門弟を五、六十人もつれ、馬上ゆたかに練り歩いた。

武者修行者の最終目的は、チャンスをつかんで出世することにある。明智光秀などは、武者修行者から身をおこして、山陰討伐軍の大将にまでなったのだから、出世頭である。すべての武芸者がそれを狙っていたのだ。

その方法として、諸国遍歴中、国ぐにの風俗や国主、城主の様子、士卒の強弱などをこまかに調べあげる。さらに家中の和不和、兵器兵糧の過不足から地形まで、洗いざらい調べあげる。さらに仕官先に持ちこんで、仕官のための餌にするのだ。つまり武者修行者は隠密を働くわけである。

戦国の果てしない戦乱のなかで、諸大名は剛勇の士を求めていたから、売り込みの武芸者を厚遇した。採用、不採用にかかわらず、なにがしかの金銭を与えている。情報源としては、範囲が広く観察が細かいので、絶好のわけだ。もちろん怪しげな情報も、敵が意識的に流すデマもあったろう。しかし、たとえどんなことでも情報をほしがっていた戦国の大名は、これらの武芸者を厚くもてなしているのはとうぜんである。

時代はさがるが、江戸前期の柳生十兵衛の武者修行は、この典型ということができる。彼は狂人を装って家を出、父宗矩《むねのり》か、または将軍の秘命を帯びて、西国を中心とする外様大名の動静をチェックしてまわったとされている。

●物見は酒売り商人に変装して潜入した

「軍《いくさ》には物見なくては大将の
　石をいだいて淵に入るなり」

武田信玄の歌である。現代でも同じだが、戦国時代にはいかに情報収集活動——物見が、重要視されていたか、この歌からもわかるだろう。

物見の仕事というのは、敵の兵力と動静、戦場の地形を探り出して大将に報告することである。この報告によって、大将は戦術を決定するのだから、勝敗の帰趨は物見にかかっているといってよい。それだけに物見には、武勇、才智にたけた優秀なものが選ばれた。多くは忍者、乱破がつかわれるが、ときには一般の家臣が抜てきされることもあった。

物見はその人数によって、大物見、中物見、小物見に分けられていた。斥候《せっこう》は、敵に隠れて行動するのが原則だから、小人数の小物見が理想である。

しかし状況によって小勢では危険なときもあるから、斥候は兵力の多少で三種類の区別ができたと思われる。まず、小物見は一騎から四、五騎。中物見になると千騎の部隊なら五十騎ほど、大物見は百騎ぐらいと多くなる。

上杉謙信が武州忍城を攻めたとき、騎馬武者を連れて、みずから大物見に出たという。謙信という人物は、なんでも自分でやらなければ気がすまないタイプの男だったようだ。

それはさておき、実戦では物見はどんなことに気を配って偵察を行なったのだろうか。

物見がもっとも留意しなければならないのは、敵に発見されないように行動することである。発見されれば、行動を開始しようとする味方の意図がバレてしまう。そのために、物見に出発するときは、自分の行く道すじでない方向に、鉄砲を二、三発撃ち、火縄の火が敵方から見えるように竹竿にはさんでおくというような策をろうしておけば、敵はそちらに気を取られて、応射などをしてこちらへの注意が散漫になる。そのすきに物見を行なうのである。

また、敵陣へ物見に行くとき、どうしても潜入の手段がないときは、酒売り商人などに変装する。最前線でない陣中には、いろいろな商人が物資を売りにきているから、比較的あやしまれずに、まぎれこむことができるのだ。

物見の任務が敵の動静を探るだけでなく、戦場予定地の地理を調べることにもあることはすでに述べたが、そのときもっとたいせつなのは、田の深さを測ることであった。田んぼが深ければ、足をとられて歩行が思うにまかせず、作戦に支障をきたす。槍や竹をつき立てて測るわけだが、それがないときはどうするか。

「畔《あぜ》にのぼってゆすぶってみれば、深い田んぼは四方が動くから、すぐそれとわかる。地形的に窪地にある田んぼは深く、高台は浅い。また、深い田んぼは畔がすくない」

と『軍中斥候書』には解説してある。

敵城を偵察するときの心得としては、旗をやたらに多く立てている敵は兵士の数が少ない、雞《にわとり》や犬が不時に啼き騒ぐ音がしたら兵糧不足、城のうえに鳶《とび》や烏が集まり飛んでいたらすでに空城……などがあげられている。

七章

武器・武術ものしり18の考証

——刃、弓矢、鉄砲の使いこなし方から謎の新兵器まで

●大刀の標準サイズは約八〇センチ

刀《かたな》とは、もともと偏刃《かたな》が転化したものだといわれる。これに対し、両刃《もろは》のものを「剣《つるぎ》」といった。古代の銅剣は両刃であったが、のちには儀式用のものとなり、日本での実戦用の「かたな」は、ほとんどが偏刃である。したがって、偏刃にも「剣」の字を用いるようになり、「けん」あるいは「たち」ともいう。また長短の差をもって、長刀を「大刀」、短刀を「刀」ともいった。

真剣において、とくに実用に供するものを「打刀」、あるいは鍔《つば》を大きく作ったため「鍔刀」という。刀はもともと一尺三寸（約四十センチ）前後にすぎないものであったが、戦国を契機に、競って長いものを作るようになる。末期には四尺八寸（約一・五メートル）に及ぶものさえあったという。しかし、徒歩による集団戦では、あまり長いものはかえってじゃまになる。ふつう大刀の長さは二尺七寸（約八〇センチ）が標準とされた。

通常、下緒《さげお》を鞘にまとい、腰に帯したところから「腰刀」、あるいは「腰の物」ということばもある。

「脇差」ということばは『太平記』にはじめて見えている。その長短によって、大脇差、長脇差、中脇差、小脇差などといい、いわゆる武士の二本差が一般化したのは、江戸時代に入ってからのことである。その他、用途に応じて、刺刀、合口《あいくち》、馬手差《めてさし》、

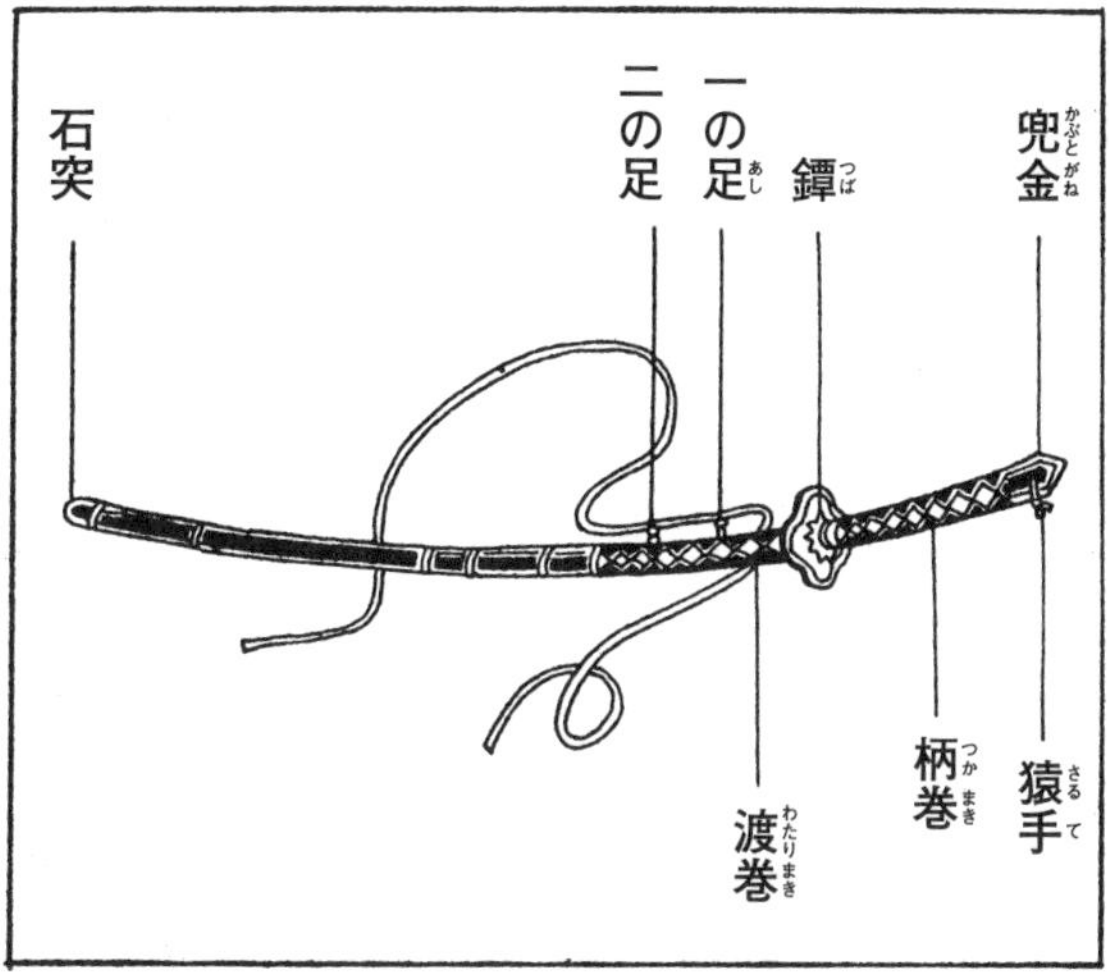

鎧通《よろいどおし》、懐剣などがある。

　刀剣が鋭利を第一とすることは、いうまでもない。鎌倉のころから精錬をきわめるようになり、鎌倉末期すでに、岡崎正宗、長船長光《おさふねながみつ》らの名工が輩出している。刀剣の鑑定は『源平盛衰記』にも見えているが、足利尊氏（一三〇五―一三五八）のとき、相模国（神奈川県）の妙本阿弥《みょうもとあみ》という専門家が出たのをはじめとするのがいいだろう。以後、妙本阿弥一門は刀相を見ることで一家を成したという。

●戦場剣法は叩きあいの無手勝流だった

　剣術は戦国時代にあっては、太刀打といいその末期から江戸初期にかけて、兵法という語も用いた。剣術が技術として練磨されたのは足利末期、群雄割拠の時代である。当時の代表的な武術家としては、上泉伊勢守信綱（新陰流《しんかげ》の祖。柳生新陰流の祖・但馬守宗厳《むねよし》、宝蔵院槍術の祖・宝蔵院胤栄《いんえい》、塚原卜伝など、すべて信綱に学んだ。一五七七没）、塚原卜伝、山本晴景（京流の名手として武田家に仕えた）などがいる。

当時の剣技とは、もっぱら実戦の経験から割り出された荒あらしいもので、ただ敵を倒すことだけを目的にしたものであった。

謙信流に「遮神無二」剣という大刀がある。これは自分の体を低くして、敵の股の間を踏みちがえるようにして構える。そして、大刀の峯をあげ、柄が地面につくほどにして、敵のヘソの下を、無二無三に突くのである。とうぜん、敵は上から打ちかかってくるが、そんなことはかまっていられない。「冑《かぶと》と肩は神が遮り給う」そう念じて、とにかく下から突きまくるのだ。なにしろ戦場では大混乱のことだから、細かい動作など、とてもやっていられるものではない、という主旨であった。

このように実際の合戦では、槍も大刀も、ただ棒のようにあつかって、敵を突き、たたき倒したものなのである。大刀には別にむずかしい作法もなく、ひたすら頑丈なものを用い、柄も長いものを好んだ。したがって、戦場で名をあげた勇士とは、剣槍の精妙な使い手ではなくて、体力、腕力に秀でた者をいった。

武芸の諸流派が競い合い、剣技の精妙や、形の美しさにとらわれたのは、戦国を過ぎた江戸中期である。それは一対一の勝負を争う技に徹し、戦場武術とは遠くへだたった、見方によっては平和時の無用の剣法と見られなくもない。『蘐園秘録《けんえんひろく》』にこんな一文がある。

「今どき（江戸中期）の武芸は、泰平つづきのため役に立たぬものが多い。師匠たちも戦場を忘れ、禄を得る手段としか考えていない。たいていはひとりを相手にし、見物人を意識して、みごとに勝つことばかりを第一にしている。おまけに、竹刀が当たってても痛くないようにと面をかぶり、あるいは道場の拭板敷に胡桃油《くるみ》をひいてころばぬようにしたり、まったく戦場の役に立たぬものばかりである」

●実戦では短い刀と長い刀とどちらが有利だったか？

真偽のほどはさておくとして、佐々木小次郎は「ものほしざお」という長大な刀を背負い、これに対して宮本武蔵はさらに長い櫂《かい》を得物に、みごとに小次郎を討ち果たしたことになっている。では、果たして実戦における刀の長短は、どちらが有利なのだろうか。『武具要説』につぎのような記事が見える。

「長い刀は大勢が渡り合って戦えば、後に

は疲れて切先下りになり、敵を斬れぬものである。初心の者はどうしても盲打ちをやって、切先は下り、多くは地面へ斬り込んでしまう。何度も戦に出た者と、出ない者とのちがいはここにある。一日のうちにたびたび合戦になっては、長い刀はみな切先が下ったものだ。しかし、二、三人と戦うのなら、狭い場所でさえなければ、そして、あつかうことができさえすれば、長い刀にこしたことはない」

そして、さらに小幡山城守が語るところとして、おもしろいエピソードを紹介している。小田原の新陰流兵法者と自称する太田和源内という者がいた。つつじが崎という処で取籠っている者に行き合い、源内は脇差で相手になった。敵は三尺ほどの刀だったため、戸に斬り込んでしまい、そこをなんなく仕止めることができた。ところがその後、身延山参詣の折り、凶悪な殺人犯人に行き合い、このときも相手は三尺ほどの刀だったのに対し、脇差で斬り合った。そして相討になり、源内は腕を斬られてしまったのである。

そのときの源内のことばが、よき兵法者に似合わず不用意なものであった。いわく、

「三尺の刀と一尺五寸の脇差とでは、一尺五寸だけ不利であるが、片手打ちにしたのだから、手の長さを加えて同寸である。しかし三尺どうしでは、相手の刀が手に当たるということをうっかりしていた……」

けだし、木刀と同じように、真剣も少しの受け外しで勝つなどという、不心得な兵法者どもの心得ちがいを、そのまま鵜呑みにしてはならない。一度短い刀で勝ったからといって、いつまでもよいと思うのはひが事である。北条早雲の歌に、

「いる道具いらぬ道具を思案して　いれども用いいらずとも持て」

とあるのはまことにもっともなことである、と『武具要説』は結んでいる。

剣法はのちに精妙を尊んだが、初期の目的からいえば、『武具要説』にあるように、長いものでたたくという闘争方法こそ、戦国の集団戦にかなったものであった。

●槍の最高技は眉間《みけん》への一突き

槍は上代の矛《ほこ》が転化したもので、鎌倉にはじまり、戦国時代におおいに使われた。長さは手槍で六尺から九尺（約二〜三メートル）、長柄の槍は一丈から二、三間（約三〜五・五メートル）に及んだ。その柄は赤樫を材料にしたものが多く、肥前天草産のものが喜ばれた。素槍《すやり》といって、両刃でまっすぐなものがふつうだが、相手の得物《えもの》をからませるため、横手に刃を出した十文字槍のほか、鳥の翼のように左右に張った千鳥形、鎌形、月形なども作られた。

その流派はきわめて多いが、なかでも宝蔵院流は有名で、奈良の僧が代々伝えて、最高の技術に進歩せしめた。すなわち宝蔵

院胤栄（一五二一―一六〇七）は禅坊主ながら、刀槍の術を好み、前述のとおり、柳生但馬守宗厳とともに刀術を上泉伊勢守に学び、槍術にも習熟して、以後、胤舜《いんしゅん》をはじめ代々院主が槍術を伝えたのである。

戦国時代には、無刀で剣術の名人に勝ち、槍術者の名を得たという木下淡路守をはじめ、山本嘉兵衛勝行、松平新左衛門重躬《しげみ》、芦田内膳宗輔などの、槍術の名人の名が見えている。

そうした名人がいう槍術とは、ただ柄をひたすら短く持って矢よりも早く突き出すことが第一、そして、槍は人によって得手不得手があるけれども、一般に穂先の短いのがよいというものであった。

なぜなら、相手のどこを突いても、深ければ死ぬこともあるが、なかなか存分には刺せぬから効果は薄い。ましてや甲冑に身を固めた戦場ではなおさらのこと。むしろ、戦場で心掛けて突くのは眉間で、ここがいちばんの急所である。だから、穂は三寸（約九センチ）あれば十分である、といったことである。

槍は戦場兵器だけに、その後進歩も目立たず槍術論も少ない。もしこれに異論があるとしても、むしろ戦国の人の説を聞くべきである。敵を〝確実に殺す〟ということで、戦国人のほうがより虚飾なく槍の本質を述べているからである。

『五輪書』を書いた宮本武蔵なども、戦国

最後の武芸者であるが、たびたび、敵をいち早く、確実に殺すための術こそ武術であるということをいっている。

●弓の長さは指をいっぱいに開いた長さの十五倍

武士道のことをはじめ「弓矢の道」といったほど、源平時代からずっと弓矢は重要な武器であった。

昔から、弓の長さは通常七尺五寸といわれるが、実際には、人によって長短の差があった。保元の乱（一一五六）のむかし、強弓でならした源為朝は、九尺もの大弓を用いたという。

ふつう弓の長さをきめるには『安斎《あんざい》小説《しょうせつ》』にあるとおり、「その主の手の中指をかがめて、ふたつの節の間に弓をつけ、大指（親指）と人さし指とを開き、おおいに伸ばしてそれを五寸と定め、その五寸の定めをもって、弓の総長七尺五寸にするなり」というのが定法であった。すなわち、おとなでも子どもでも、親指と人さし指をいっぱいに開いた間を五寸ときめて、それを十五回尺取りしたものが弓の長さとなる。

そうすれば「その主の手の寸にて定まるゆえ、大人にても小童にても、身の大小にしたがいて、相応の弓たけとなる」という、一見、合理的な計測法である。たとえ弓に長短ができても、当人にとってはこれがすべて七尺五寸になるというのはどうか。異論のあるところだが、いちおうの紹介にとどめる。

　弓の用材としては、梓《あずさ》、檀《まゆみ》、槻《つき》、櫨《はぜ》などを用いたが、しだいに若竹の堅実なものに、櫨を合わせて作るようになった。さらに重《しげ》籐《とう》、村捲《むらこき》、糸裹《いとづつみ》、樺巻《かばまき》など、製法によって種々の名が起こった。なかでも、重籐の弓は大将クラスの用いるものとなり、士卒はおおかた塗籠籐《ぬりごめとう》というのを用いた。

　弓全体を弓幹《ゆがら》という。竹で前後、または四方をくるむのが通例だが、もともと芯は木であるから、立てた場合、本《もと》と末《うら》がある。この本、末をそのまま弓に引き当てて、下を本、上を末という。すなわち上が末彇《うらはず》で、下になるのが本彇《もとはず》である。また、この内側を弓腹《ゆはら》といい、外側を背《せ》という。握《にぎり》は中央から少し下になる。

　弓のことをよく二人張《はり》、三人張などと称するが、これは張力を指すもので、弓幹をたわめて弦をほどこすのに要する人数をいう。したがって五人張などはかなり強弓になるが、その弦の張り方にも故実があった。

　すなわち兵書などに、「貴人から弓を張るようにいいつけられた場合、貴人を後にしてはいけない。が、そのため自分が北向きになることなどは避けなければならない。なぜなら、北という字は、逃げる、という意味があるからだ」という記事が見える。

　この弦の作り方は、まず麻苧《あさお》（麻ひも）を少しのあいだ水にひたしてから取りあげ、短い竿につけて打ちつける。そうすると縮んでくるから、それを乾かしてしごき伸ばす。それから弦の太さごとに取り分けてよじりあわせるのが通例であった。

● 矢には「矢印」を書いて射手をあきらかにした

矢全体を簳《やがら》というが、多く篠竹で作られた。これは山城（京都府）、河内（大阪府）から産するものを良質とし、また相模（神奈川県）の俣野《またの》、信濃（長野県）の知久《ちく》、佐渡からもよい矢竹を産出した。

矢を作るには、まず篠竹を削り火を通して曲りをあらため、さらに砂で磨く。これだけの工程のものを白箆《しらの》という。

つぎに雨湿や炎干に備えてこの上に漆を塗る。これを塗箆《ぬりの》といい、さらに薄く赤漆で何度もぬぐったものを拭箆《ぬぐいの》という。

矢羽は射た矢の動揺を防ぎ、水平に直進させるためのもので、鷲の羽を最高としてこれを真羽《まは》と呼び、ほかに鷹、鶴、鵠《はくちょう》、鷺、烏などの羽も併用された。古くは二枚または四枚つけたが、射術の進歩とともに三枚羽とし、羽表は羽表だけ同方向に矧《は》いた。矢に旋回を与え、敵に当たった際、ねじ込んで痛撃を負わしめるためである。

鏃《やじり》は左右均斉に作って刃をつける。軍陣用の征矢尻《そやじり》は先に刃や鎬《しのぎ》をつけて、鋭くとがらせてあるが、狩猟用の狩股《かりまた》は鳥獣の翼や脚を射切るために、開き股になっている。

なお狩股には、とくに木や骨で作った球形のものに小穴をあけた鏑《かぶら》を取りつけることがある。飛ぶと音を発するので、主として鳥獣を恐れさせる場合に用いたが、ときには鏑矢といって、軍陣にも使うことがあった。

那須与一が屋島の合戦（一一八五）で、平家方の舟に掲げた扇の的を射落とした話は有名だが、こういう場合、射手をあきらかにするためには、矢印をつけることが多かった。これは漆や墨、小刀などで書き込んだ。

「矢印を書くに、硯を洗う日はかならず七月七日でなければならぬ。そして硯に水を入れるとき、耳の垢を水にまぜて墨でするのである。そうすると人血で矢印が消えぬといわれ、武家ではいつも、筆硯の道具に耳掻を加えておくのだ」

と『甲陽軍鑑』にあるが、これはなんともばかばかしい縁起かつぎである。

矢印を書く場所は羽の中、おとりの節（羽のわずか下の節）、すげ節（矢尻に近い節）などである。的矢など練習用の矢には名乗りだけを書き、軍陣用の征矢には、敵に知らせるため国所、主の官名字、それのうち誰それということまで書く。戦国をややさかのぼるが、『太平記』にこんな個所がある。

「本間重氏が言うには、たとえ名乗りをあげたところで知る人もいまい。ただし弓箭《ゆみや》を取っては、坂東八ヵ国の兵の中に、わが名を知る者もいるだろう。そんな自負から、かの矢に書いてある名字を見よというや、三人張の強弓に十五束三伏の大矢をつがえ、ゆうゆうと引きしぼって、敵の船団中の旗艦めがけて、射放った」

矢の長さは握り拳の数で計る。一握が一束、そして握り残りの端数を指を伏せて計り、指一本が一伏である。十二束を通例とするから、ここで重氏が用いた十五束三伏とは、かなり長大なものということになる。

『太平記』の記事はつづく。

「さて、その矢は六町余（約六百五十メートル）を飛び越えて、将軍（足利尊氏）の船に並んだ佐々木筑前守の船を過ぎ通り、屋形に乗っていた兵の鎧の草摺《くさずり》に突き立った。将軍がこの矢を取りよせてみたところ、『相模国住人本間孫四郎重氏』と、小刀の先であざやかに刻みこまれていた」

●戦国期にはすでに三十万丁の鉄砲が使われていた

日本人が初めて鉄砲を見たのは、文永年間、蒙古来襲のとき（一二七四）とされている。中国ではすでに宋の時代（九六〇―一二七九）に火砲があったといい、旋風《せんぷう》、単梢《たんそう》、虚樽《こそん》などと呼ばれるものは、すべてこれに当たるらしい。

そして、鳥銃、あるいは種ガ島と称した鉄砲がようやく日本に伝来したのは、天文

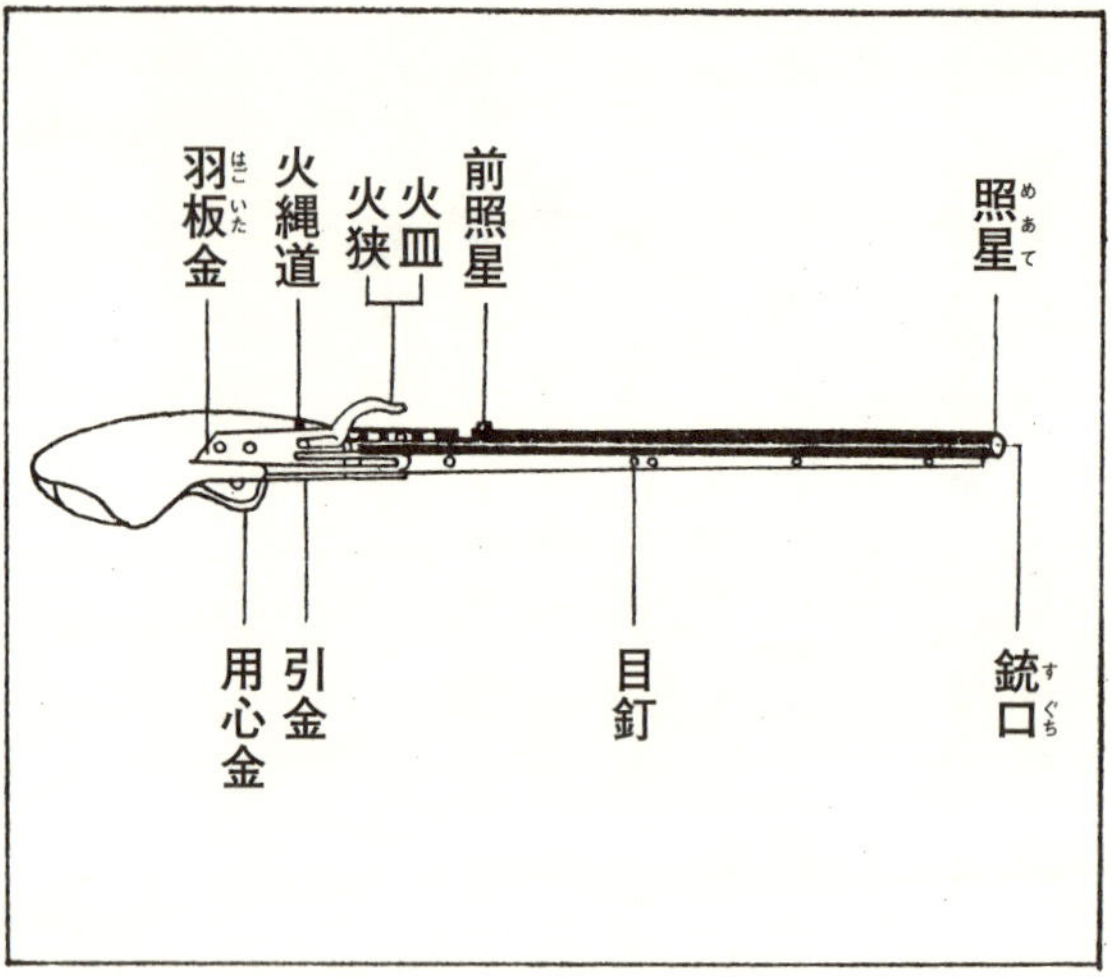

年中とも永正年中ともいわれる。『佐々木家譜』が伝えるところでは、

「弘治元年（一五五五）五月二十日、唐人ありて名を長子口《ちょうしこう》という。かつて南蛮より海を渡りて琉球に到る。ついで日本多彌島（種ガ島）に来り鉄砲を教ゆ」

という。

いっぽう『国朝砲熕権輿録《こくちょうほうこうけんよろく》』では若干ニュアンスがちがい、「甲州武田家の説には、大永六年（一五二六）に、西国の浪人、井上新左衛門という者、初めて甲州に鉄砲を持ち来たりて信虎公（信玄の父）に献ず。また北条家の説には、永正七年（一五一〇）に初めて日本に渡る」とする。

ともあれ、鉄砲普及の模様については、

諸説あるが、東国の縁の深い北条家の伝にそって話を進めてみる。

相州小田原に玉瀧坊法印頼慶《ぎょくりゅうぼうほういんよりよし》という山伏がいた。享禄元年（一五二八）に和泉の国におもむいたおり、堺の津で鉄砲と呼ばれる「不思議きとくなる物」を一梃買い求め、氏綱公（早雲の長子）に献上し、以後、関東にたぐいなき宝として秘蔵したという。

その後、氏康（氏綱の長子）の代になって堺より鉄砲鍛冶の名工、国安（国康）という者を招き、数十梃を作らせた。さらに翌年、根来の僧、杉の坊、二王坊、岸の和田などという法印を招いて、鉄砲の指南をさせたという。

こうして、時あたかも戦乱の世に至り、諸国の武家は競ってこれを求め、たちまち全国に普及していった。文之《ふんし》和尚の『鉄砲記』によれば、弘治二年（一五五六）には、全国にすでに三十万丁の鉄砲があったという。

織田信長もいち早く国友鍛冶を援助して、その製造に当たらせ、のちの長篠の合戦での大勝へと結びつける。以来、急速に鉄砲を主兵器とする戦闘にかかわったが、同時に弾丸に対する防禦方法も考えられた。竹束の出現などがそれであろう。竹は表面なめらかで、当たった弾丸をはじきやすい。それで、竹を十数本も束ねて楯としたのである。

●大将が鉄砲を用いるのは恥とされた

鉄砲の普及が戦国の合戦を大きくかえたが、戦国武士のあいだには、なお旧来の弓馬による合戦の思想が抜けきれていなかった。そのいちばんのあらわれが、馬上の侍が鉄砲をとることを卑しむという風潮である。したがって鉄砲は、永く足軽専用の武器にとどまり、その威力が正しく認められ、技術、用法ともにいちじるしく進歩したのは、皮肉にも江戸時代に入ってからである。

大将とはいうまでもなく一軍の指揮を司るのが職分である。士卒とともに最前線で太刀打ちするものではない。大将が弓矢、太刀を持つのは、敵が間近に迫ったときに、みずからを守るためであった。「身危きに臨まざれば、大将みずから戦うまじきなり」とされていたのである。

相手が何者とも知らず、飛道具で撃ちとるのは、名ある大将のいさぎよしとしないところ。そういう戦はもっぱら足軽にやらせ、大将はその指揮官であるべきなのである。『安斎随筆』にも、

「鉄砲を撃つことは足軽の業なり。大将にして足軽業を好むは、軽々しきことなり。戦場にて敵に近づき迫り、事危きに臨んでは、鉄砲は急の間に合わず、一度放つとも、二度目は玉込めに暇入りて、敵を防ぐに害あるべし。しかれば大将は鉄砲無用の芸なり」

とある。

●鉄砲の泣きどころを克服して勝った信長の知恵

種ガ島銃の決定的な欠点は、火縄、玉込めなど撃つのに手間がかかること。つぎに、火薬と鉛玉を銃口からつめるため、うっかり銃口を下に向けると、玉がころがり落ちてしまった。ことさらに雨が降ると、火縄や火薬が湿ってしまい、使いものにならなかったことなどである。おいおい改良されていったわけだが、旧来の鉄砲でもこれら泣きどころを防禦するために、いろいろ工夫がこらされた。

まず、玉がころがり落ちるのを防ぐ法。これは、つねのごとくに火薬を入れて、玉込めしたうえに、さらに少量の火薬を入れて、かるか（玉込め用の鉄棒）で突き固めるのである。そうすれば、玉のすきまに火薬がつまって、ころがり落ちることがない。あるいは紙をつめ込むこともあった。それほどたいした知恵とは思えないが、当時ではかなりなアイディアだったらしく、この法を伝える『安斎随筆』では「大極秘伝の術なり」としている。

つぎに雨天でのこと。火縄の消えてしまった鉄砲など、棒よりも劣る。よくよく気をつけなければならなかった。まずなんといっても、火種を絶やさぬことである。そして、雨天対策のひとつとして、鉄砲足軽部隊全員に、なめし皮製の袋を携帯させた。

この皮袋は四、五寸（約十二〜十五セン

チ）四方で、前後に穴をあけ、糸をつけて持ち歩く。雨が降ってきたり、火を隠さねばならぬようなときには、その袋の中へ火縄の火口《ほぐち》を差し入れるのである。

ところで、長篠の合戦（一五七五）で信長がとった戦法は、これらの工夫をもっともよく生かしたものだった。まず鉄砲を三段に構え、つぎつぎに発射して玉込めのロスをなくした。そして傾斜する平野の低いほうに陣を取り、銃口が上に向く位置から武田勢を撃った。さらにその日にかぎって梅雨がやむなど鉄砲の泣きどころをすべて克服したうえでの、鉄砲隊の大活躍だったわけである。

●撃つたびに、込める玉をだんだん小さくしていった当時の鉄砲

次に射程距離、命中率など、鉄砲の性能はどうだったのだろう。これはよくわかっておらず各書によって、かなりまちまちである。射程距離ひとつをみても、大幅に違う。

まず『明良洪範《めいろうこうはん》』では「鉄砲の者を連れてきて、鉄砲を撃たせるときは、敵との間が五十間（約九十メートル）くらいの遠さでも、木蔭のあるところで撃たせるほうがよい。距離が五間や十間遠くても、玉の当たりにあまりかわりはない」と、かなり近い距離で、物蔭から撃つことを教えている。

これに対し『軍法極秘伝書』では、「鉄

砲大将は敵に近づいたらその距離を見定め、だいたい二町（約二百二十メートル）以内を撃たすべきである。それより遠ければ効果も少なく、弾薬の消費もたいへんである」としている。二町以内の距離というから、接近戦もあり得るだろうが、前書で「五十間くらいの遠さでも」としているのにくらべると、倍以上の射程距離ということになる。

つぎに連射の限界について。まず五、六発も撃つと、火薬筒が焼けついてしまう。火薬のベースとなる塩硝と硫黄のうち、塩硝はそのつど焼け散ってしまうが、硫黄はとけてねばついてくる。それに火縄の灰などがつくと、筒の中がせばまって玉込めが困難になるのである。ところが、これにも「大極秘伝の術」たる解決策がある。それは込める玉をだんだん小さくしていくのだ。そのため玉箱に玉の目方別の書付をしておいたということである。

命中率について記したものはあまり見当たらないが、引金が軽いのでかなり高かったらしい。あるときの試射では、二十七メートルというかなり近い距離ではあるが、当たり九〇パーセントは出たという記録がある。

ところで、鉄砲以外の火器に大砲がある。『国朝砲熕権輿録』に、

「天文二十辛亥の年（一五五一）南蛮国より房酋《ほういう》という者きたりて大友に謁し、発熕《はっこう》

を献ず。初めてこれを撃ちて雷動の声を発す。国中おおいに驚きて、みなかの国の者にしたがえり」

という記事があって、戦国末期に登場したことはたしかだが、まず険しい地形の野戦においては、持ち運びがきわめて困難であったこと。そして、玉そのものが爆発するいわゆる爆弾ではなかったため、玉の道筋に当たる敵共しか殺傷することができない。それなら、鉄砲百梃を並べて撃てば、数百人を倒せるではないか、など、もっともらしく書いた随筆があって、威力についての評価はまちまちである。

●戦国時代には奇怪な形の冑《かぶと》が流行した

戦国以前の代表的な冑といえば、まず星冑にきまっていた。星冑というのは鉄板をつなぎ合わせるための鋲《びょう》を、装飾をかねて鉢の表面に数多くとりつけた冑のことである。鋲は敵刃に対する抵抗力をますという実用的な目的であるが、また、星は荘重と剛健を象徴するという意味も持っていた。

まず星冑を例にとって、冑の主な名どころを見てみよう。冑のうち頭の大部分をおおう鉄または革製のものを「鉢」といい、おおむね黒漆を塗り、外部には装飾的な金具をつけた。

鉢の最上部に設けた空気抜きの穴を「天空」といい、そこを中心にした装飾金具が

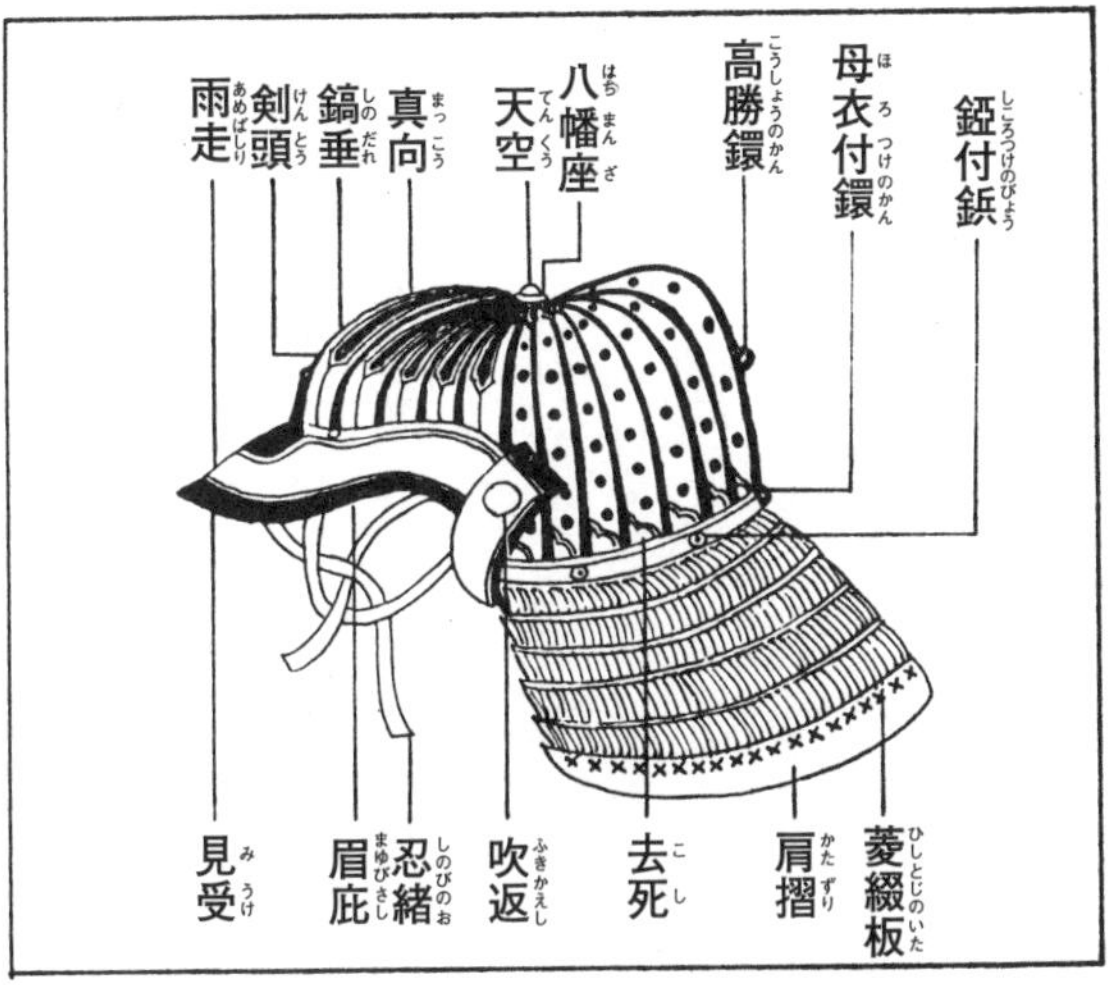

「八幡座」である。八幡座というのは、八幡宮が武家擁護の神であるところから、その神霊を頭に頂いて、武運を祈るという意味からである。また、一説では八幡太郎義家が、はじめて天空を設けたからだともいう。一般的には、天空は神霊所在のところであるから、武装の最上部としてあがめねばならぬ、と『武用弁略《ぶようべんりやく》』にある。

　鉢の外側には大小の鋲をとりつけて、これを「星頭」といっていた。多数の星をつけない場合でも、鉢の四方には一個ずつの星をつける。「四天の星」といって、持《じ》国《こく》・多聞《たもん》・広目《こうもく》・増長《ぞうちょう》の四天王の威霊が拠《よ》るところとされたのである。その下に「響穴《ひびきあな》」あるいは「装束の穴」と呼ばれる小穴があり、これは打撃をうけたとき衝動を緩和するためのもの。

また、額をおおう部分は「眉庇《まゆびさし》」といわれる。敵味方ともに顔色をよく見せるため、裏にはよく朱を塗ったもののようだ。

さらに、鉢の後方に「高勝《こうしょう》の鐶《かん》」という輪があって、そこに総角《あげまき》（ふさ）をつけたり、笠印をつけたりする。笠印というのは小旗に文字または家紋をつけたもの。なぜ笠印を後につけるかについて『武用弁略』に「戦場の第一の心がけは先頭に進むことである。そのとき、敵には名乗りをあげるから誰だということがわかるが、後からくる味方にはわからない。そのため笠印は冑の後方につけて、誰だかわからせるのである」というのだ。

さて戦国時代にはいると、この星冑も実用的な要素だけ残して変形し、筋《すじ》冑と頭成《づなり》冑が主流をしめるようになる。筋冑とはつぎ目の筋を表面に出して星のないもの。頭成冑とは鉄板の数が少なく筋もなく、頭の形に近い作りになったものである。

全体に荘重優美な形や色彩は失われ、もっぱら実戦本位、威嚇力本位となっている。新しい戦術、兵器に適応して、しかもおのれの存在を強調するものでなければならなかったのだろう。その対象とするところは、動植物から宇宙現象におよび、驚くべき数の形象化がなされている。また隣邦諸国の冑形をとり入れ、朝鮮鉢、南蛮鉢というものも出現した。

胄にとりつける立物《たてもの》も「鍬形《くわがた》」「半月《はんげつ》」「天衝《てんつき》」などが一般的だったが、戦国時代にはいり、日月、猛獣の角などを形どった、さまざまな種類ができた。いずれも嚇々たる武威をあらわすものだが、だれがどれをつけてもかまわないというのではなく、鍬形に「竜頭《たつがしら》」は大将ときまっており、以下、将兵の身分によって選ばれたようである。

さらに顔面を保護する頬当も用いられた。鼻のある「面頬《めんぼう》」、鼻のない「猿頬《さるぼう》」の二種があり、面頬には黒鬚《ひげ》、赤鬚、白鬚などを植えて威を示す。鼻はかけはずしのできるものもあり、歯は銀メッキをほどこしたものが多い。

●胴丸は鎧よりも軽快で便利な武具だった

正規の完全武装になると、かなり重い。これでは合戦にさしつかえる。転倒した将兵が容易に起きあがれなかったというのも、もっともなことである。合戦という命のやりとりの場で、その欠点に気づかぬはずはない。険しい山道や、渡河の場合などとくに軽装が望まれた。

山へ登ったり、道なき道を行軍するときは、まず指物を下人に持たせ、籠手、胴、脛当、佩楯《はいだて》（膝、股の被護物）などをとり、狩場へでかけるときのような軽装になった。また川を越すときには、やはり指物を小者に持たせ、兜、籠手、佩楯をとって、胴、脛当だけつけておく。そして刀、脇差を背に十文字に負い、槍で体を支えながら渡るのである。脛当をつけたままにしておくのは、水中でこむら返りがしないように、という配慮からであった。

しかし、その場に応じて武具をとったりつけたりというのでは、まだめんどうである。もっとかんたんな解決策はないものだろうか。

正規の軍装である大鎧につぐものに胴丸がある。現在の剣道の胴着をより頑丈にしたものと思えばいいだろう。脇楯《わいだて》、弦走《つるはしり》（前面の胴全体の被護物）がなく、杏葉《ぎょうよう》という木の葉形の革包みの鉄板をつけたものである。右脇で引合せ、草摺は八枚で歩行しやすいようにしてある。ふつうこれに袖と冑を添えるのであるが、大鎧にくらべたらずっと軽快である。

本来、胴丸は鎌倉時代までは兵士専用のものだったが、戦国時代に入り騎馬では不都合な山岳戦や、敵味方入り乱れての集団戦になると、武将たちも胴丸の軽快さに惹かれて着用するようになった。需要の増加とともに改良が加えられ、札《さね》（一枚一枚の葉のような板を小札《こざね》といい、これをつづり合わせて鎧の表面を作る）の上を全体に革や布などで包んだ革包、綾包と呼ばれるものや、札を数枚とばして、荒くかがった素《す》懸《がけ》の胴丸などが出現した。

さらに戦場で長柄槍が主要な武器になる

と、札を一枚の帯状にして槍先を防ぐようにしたものもできた。しかしそれでは柔軟性を欠くため、蝶番《ちょうつがい》をつけて伸縮を自由にしたものと、さまざまな改良形が出現したのである。

●当時の馬は武力、経済力の象徴だった

戦国時代の合戦において、陸戦の最有力兵器は鉄砲よりも軍馬であった。諸家は競って良馬の飼育を奨励し、家中の武士は馬術の習練に腕を磨いた。戦国末期までには、大坪、八条、小笠原、内藤、上田、荒木、佐々木などの諸流派が輩出し、それぞれ曲乗や水馬の法など高度な技術を競い合うようになる。手綱にたよらず巧みに乗りこなすことを「乗尻《のりじり》」といい、いっぽう尻が鞍に落ちつかず、あたかも桃の実のごろごろと転がるような下手な乗り方を「桃尻《ももじり》」といってけなした。

良馬の奨励とおのれの武威を誇示するため、馬揃えという、今日の観兵式のような催しが行なわれることがある。戦乱のため、しばしとだえていたが、天正九年（一五八一）二月二十八日、織田信長が正親町《おうぎまち》天皇の勅を奉じて、盛大な馬揃えを催した。

内裏の東北より南へ八町（約八百アール）の馬場を設け、禁裏東の御門築地の外に、金銀をちりばめた仮御殿を建てそこに天皇をはじめ皇族をお迎えしたという。供奉の百官これにつづき、きら星のごとく四

面左右のさじきに居流れた。一般の庶民も盛儀を見ようと、遠巻きに馬場を取り囲んでいた。

さて辰の刻（午前九時前後）、信長は、そのころ毛利との戦で留守であった秀吉をのぞく一族郎党を引き連れ、宿舎本能寺を出発、室町通りをあがり、一条通りを東へ進んで堂々と馬を入れた。おのおの津軽をはじめ天下の諸大名より献上の名馬にうちまたがり、鞍具、装束とも結構善美を尽したものであった。

信長は小姓を左右にしたがえ、盛装してこれを検閲した。その装束は、花を立てた唐冠に、金紗の頰蓋《ほうこう》（頰当）をつけ、膚小《はだこ》袖《そで》は紅梅に白のダンダラ桐唐草、その上に錦の小袖を重ねる。袖口には覆輪《ふくりん》をほどこしてある。肩衣と袴は紅の緞子に桐唐草、白熊《はぐま》の腰簑をつけたうえに、さらに禁裏拝領の牡丹の造花を腰にさしていた。『織田軍記』の描写である。

耳なれないことばで想像しにくいだろうが、南蛮スタイルをとり入れた、当時最高のファッションスタイルだったことはまちがいない。

ところで、山内一豊が面目をほどこしたのも、このときの馬揃えであった。一豊ははじめ猪右衛門といい、天正六年（一五七八）信長に仕えた。ある日、安土城下へ馬商人がきて、東国一の名馬を売ろうという。一豊も家中の侍たちとともに見に行ったが、なるほど名馬である。喉から手が出るほど欲しかったが、その価、金十両と聞いてはすごすご帰るしかない。一豊は渋い顔で帰宅して、貧乏ほど情けないものはないとボヤいた。するとかの女房、やおら鏡筥《かがみばこ》の底から、ズッシリ重い小判十両、そろりと出して一豊に与えた。貞女の鏡・山内一豊の妻の、有名な内助美談である。

しかしこれはヘソクリではなく生家から持参したのだから、ことさら美談とするにあたらない。それがなぜ信長に賞められたかといえば、もし買わなかったら織田の家中は疲弊して、名馬も買えぬと、東国の商人にいいふらされるのを、一豊が防いだからである。馬とはまさしく、武威、経済力の象徴だったのである。

●馬にも吉相と悪相があった

ひと口に名馬というが、その名馬たる基準はなにによってきめたのだろうか。馬の主な名どころをあげながら、良馬の条件を見ていくことにしよう。

平頸《ひらくび》（頭と肩の間の総名）、高峻なのがよい。肉は少なく長いのを良馬とする。耳《みみ》筒《つつ》（両耳は管のような形なので、耳管《じかん》とも書く）、耳は短かいものを吉相とし耳を伏せるのを悪相とする。鼻梁（鼻のみね、鼻ばしら）、鼻筋まっすぐ通ったのをよしとする。肝骨（下頤《したおとがい》で、頬骨・頬車《ぎょうかまち》から成り、三ヵ月骨ともいう）、この骨のゆったりしたのを吉相とする。裂目《れつもく》（口の裂目）、浅いのを良馬とする。百会《ひやくえ》（背後部の高い所）、低いのを良馬とする。尾本《びほん》（尾のもと、尾口《おびぐち》、尾株《おえだ》から成る）、尾株のあらいのが良馬。汗溝《かんこう》（後尻の両骨のくぼんでいるところ）、深いのをよしとする。蹄は高いのがよいとされた。

以上のように、馬の各部分を見て、その良し悪しの判断をするのである。つぎに馬の種類であるが、たいていは毛色によって分けることが多い。主な種類をあげてみると、

白馬、「天に白竜あり、地に白馬あり」といい、馬の元として尊ばれた。たとえば、正月七日に白馬を見ると、一年中の邪気を払うというので、朝廷でこの日、白馬二十一匹を豊楽院《ぶらくいん》の前に引かせてごらんになったことなどよく知られている（これを白馬《あおうま》の節会《せちえ》という。白馬を「あおうま」と読むのは、後世、一時あお馬を用いたからであろう）。

栗毛、全体が栗色で、鹿毛（鹿に似た褐色のもの）よりも黒みがかっている。白栗毛・黒栗毛・柑子《こうじ》栗毛・山鳥栗毛などがある。蘆毛《あしげ》、蘆のはじめて生じたときの色から名づけたもの。だんだん白色を増して、老年にはほとんど白毛になる。連銭藍毛は黒白が等分にあり、まるい斑点でおおわれている。そのほか黒蘆毛・白蘆毛・山鳥蘆毛・尾花蘆毛などがある。鮫毛、全体が暗

色で、中に大小不同の斑点をまじえたもの。吉相の馬とされ、たいせつに飼育される。

ほかに黒馬（青毛）。河原毛、糠毛《かすげ》、月毛、虎鹿毛などがあり、それぞれさらに色調のちがいによって、たとえば鹿毛なら黒鹿毛、自鹿毛、赤鹿毛などに分けるから、その種類はかなり多くなる。

●馬には右側から乗るのが本当

ひらりと愛馬に打ちまたがって、とよく講談などにいうが、むかしはいったい馬のどちら側から乗ったのであろうか。自転車はハンドルを前方として左側から乗る。今の馬術もそうだから、馬首を前方に、馬腹の左側から乗るのが当然と思う人もあろう。が、長い伝統を持つ歌舞伎では、今日と逆に右側から乗ることが多い。むかしは歌舞伎でやっている通り、やはり右側から乗るのだという人も多い。ではその根拠は？

ここに絵巻物中の二枚の絵がある。一枚は『秀郷艸紙《ひでさとぞうし》』の「忠文清見ケ浦に宿る図」であり、もう一枚は『慕帰絵《ぼきえ》』中の「覚如上人《かくじょしょうにん》臨終の図」である。ともに下馬のポーズで、明らかに右側へおりている。証拠の絵が一枚なら、たまたまぎっちょの侍を写したといいえぬこともないが、複数であり、他に左側から乗りかけ、あるいはおりかけている図は一枚も見あたらない。

しかし、それでもなお、こうだといいきれないのは、この絵が二枚とも落馬しかけているところかもしれない。それに、右側から乗っては、刀の柄がじゃまになるということである。この二点を解明するには、絵ではなく文章で書いたものがほしい。ようやく安政四年（一八五七）の写本『大坪流秘伝』に、つぎの一節を発見した。

「軽尻馬、小荷駄に乗ること、前鞍を右の手に取り、後鞍を左の手に取り持ち乗るべし。我が尻にもよく当たりて、物致って乗るなり」

すなわち、当時は木鞍だから、前鞍と後鞍がいちじるしく高い。騎乗者は右手で前鞍をつかみ、左手で後鞍をつかんで乗る……というのだから、乗手の体は馬腹の右側になければならない。今とは逆になる有力な資料である。左側から乗るようになったのは、明治以後、西洋の革鞍がはいってからのことである。革鞍ではつかまるところがなく、またサーベルをつるした関係で、自転車と同じ側から乗るようになった。残る疑問は、右側乗りであっては、やはり佩《はい》用の太刀は、騎乗時じゃまになるだろうということだけである。

●「亀甲《かめのこう》」なる戦車を使った加藤清正

戦国時代にも新兵器が生まれた。もちろん非科学的で原始的なものにすぎないが、それでも喰うか喰われるかのきびしい時代を反映して、奇想天外、なかなか傑作な新兵器が登場している。けっして幼稚だ、非科学的だと笑うことはできない。当時としては、戦勢をくつがえすほどの、それぞれ優秀な新兵器だったのである。

まずあげねばならないのは、戦車に当たる亀甲という兵器。文禄二年（一五九三）六月、朝鮮の役で加藤清正が使ったのをはじめとする。その構造は、上部が亀の甲羅のごとく、中高にふくらませた木製の掩蓋《えんがい》でおおわれている。その掩蓋が四つの車の台にとりつけられていると思えばよい。車は小さく、甲羅ばかり大きいから、ゴトゴト動くかっこうは大亀にそっくりだったようだ。この木製のおおいは、さらに毛を下にして、牛皮で張りまわしてあった。火矢を防ぐためである。

兵士はその中に入り、鉄の梃《てこ》で押しながら前進する。敵城の石垣下まで行ったら梃をはずし、それを使って石垣をたたき崩すのである。もちろん敵側では鉄砲を撃ち、大石を上から投げ落してたたきつぶそうとする。たいていはがんばり通せるが、どうにも危いとなると退却する。その退却ぶりがまた傑作で、車のうしろにつけた太い縄を、味方の陣地から引っぱるのである。そのため前進するときは、木製戦車のうしろにつけた太い縄を引きずってゆくのであった。

加藤清正はこれを晋州《しんしゅう》城の攻撃に用いたが、はじめはただの木製だったので、城内から石火矢を射られて燃えあがってしまった。そこで燃えない戦車を考え出し、牛の皮をはいで外部を包んだという。かくして第二回目には成功、わずかながら石垣を崩すことができた。しかし不幸にも、兵士の一人がその石の下じきになって死んでしまったそうである。

●「釣井楼《つりせいろう》」は敵城視察の空中ゴンドラ

戦国時代にできた兵器に軽気球に当たる釣井楼がある。第一次大戦ごろまでは、気球に乗って空から敵状を偵察したが、釣井楼もまた空中から、城内をのぞくための兵器であった。木製で、つるべ井戸のものすごく大きなものと思えばよい。

まず柱を立て、台には車がついていて、移動に便利にできている。釣りあげる箱のほうは厚板で作り、物見用の穴があけてある。上部に綱がついていて、ガラガラと水汲みの要領で釣りあげるのだ。これを敵城の近くまで押していき、箱の中に兵士を乗せて釣りあげれば、城内が手にとるように望見できるという寸法。野戦の場合でも、空中から敵陣を見おろすことができれば、偵察にはまことに便利である。しかし、もちろん敵方が黙ってそれを見のがしてはくれない。弓や鉄砲を射かけてくる。そのため、箱の周囲を楯で囲ったりして安全をはかった。

この釣井楼の実戦例は多く、戦国時代の後半になると、たいていの城攻めに用いられている。それだけ利用価値があったということになろう。いずれも偵察にそうとうの効果をあげているが、御代田《みよだ》攻城戦の実例をあげておこう。

御代田は岩代国（福島県）田村郡の小城、土豪・御代田氏の本拠であった。間近の会津盛隆がかねてこの城を狙い、天正十三年（一五八五）七月に、本格的に攻撃をはじめた。御代田城は前まえからのいきさつで、伊達政宗の後楯を頼みに籠城し、寄せ手をさんざんなやませた。

そこで盛隆は兵糧攻めに方針をかえ、釣井楼によって、空中から城中を展望し、食糧欠乏のありさまを偵察しようというわけである。二カ所に立てたが、もちろん城内からはあげさせまいと鉄砲を撃ちまくり、また、むしろを張ったり、木を植えたりして蔀《しとみ》という遮蔽物にした。

まる一カ月そんな状態がつづいたが、いっこうに城内では変化が起こらない。急な籠城なので、とうぜん、食糧が欠乏するはずなのにおかしい。よくよく見張った結果、城のかたわらの阿武隈川から、袋を背負った者がそっと城内へ入るのを、井楼上の監視兵が見つけた。かくて御代田城は、釣井楼の活用により、食糧欠乏で降伏したというのである。

●正体のつかめない謎の潜水艦「盲船《めくらぶね》」

つぎにとっておきの新兵器を紹介しよう。

それは盲船と呼ばれる潜水艦である。慶長十九年（一六一四）十二月四日、大坂城玉《たま》造口《つくりぐち》において激しい戦があった。大坂冬の陣のクライマックスとなった戦いである。この戦において、熊野水軍の有力者で家康方についた、九鬼長門守守隆が使用したとされている。

当時、ほんとうに潜水艦があったかどうか。盲船はもともと多くの疑問を残していて、今日いまだその正体はつかめていない。

今日も高く評価される船の百科事典『和漢船用集』に、問題の盲船は「竹囲い、板囲いの軍船」と記すのみで、想像図すらない。

その輪郭は『難波戦記』の「そもそも今度長門守が支度しける盲船は、尋常のものとかわり、まず胴壁、天井とも竹束をもって丈夫に囲い、舳艫《じくろ》（船の前後）の二ヵ所に口をあけ、取舵《とりかじ》、面舵《おもかじ》ともに四ヵ所に口をあけ、引戸をこしらえ、戸口に折鑰《おりかぎ》をつけ、天井は苫《とま》の如く竹束を以て葺《ふ》く。船の拵《こしら》え異形にして船中の軍士手も負わず、味方の働き自由なり」から想像するしかない。

これによればきわめて性能がよく、この装備であれば多少の波をかぶってもだいじょうぶのようではある。が、ではただちに潜水艦と断定できるかどうか、多くの疑問が残る。

八章

合戦場ものしり17の考証

——修羅場だからこそあらわになる人間性

●全軍の士気は旗大将の度量次第だった

平時の役職、家老や奉行については二章ですでに述べた。ここでは戦時の役職を見てみよう。

まず、全軍を総括指揮する総大将。輔佐役として軍務を処理する副大将または脇大将とつづくが、これらはいうまでもなく大名、豪族の私称である。つごうのいいように、どう唱えても差しつかえない。で、副大将、脇大将の役割はほぼ同じだが、副大将が合戦時の臨時職であるのに対し、脇大将は部隊編成と同時に置かれることがある。

つぎに先鋒隊の大将である先手の大将、その日の合戦の全般的な指揮をとる軍大将がある。これらの任務と権限は、そのつど総大将から与えられるのである。

さらに武者全体を指揮する武者大将、侍大将とつづく。これも侍大将がなかば常任であるのに対し、武者大将は合戦に臨んで臨時に任命され、戦が終わると解任になるというちがいがあった。

しかし戦国末期には区別があいまいになり、侍大将も「平日に定めおかるるものにあらず。事あるに臨みて、侍の中よりさるべき者を選びて、その職にしたがわせしなり。室町殿の末に至りては、名儀やや乱れて、家々の定め同じからず」という具合になったようである。

足軽大将は、弓足軽を指揮する弓大将、鉄砲足軽を指揮する鉄砲大将、槍組の足軽を指揮する長柄大将に分かれる。さきに述べた戦法でもわかるように、戦国の合戦においては、足軽組はまっ先に突入する部隊である。足軽大将といえども、とうぜん、白兵戦に加わる。

武田信玄配下の足軽大将には、なかなかすぐれた者がそろっていたようだ。

横田備中は敵の動きをいち早く察知して、機先を制する名人。原美濃は十人の足軽を百人のように働かせ、接戦になるとみずからまっ先に敵中へ飛び込む勇士。小幡山城は自分の部下を危げなく、自在に働かせ、ひとり残らず手柄を立てさせる名人。多田三郎は無類の夜戦上手——『甲陽軍鑑』に、こうした足軽大将の名が見えている。

さてもうひとつ、旗大将、あるいは旗奉行という役職がある。まず実例から見てみよう。

上杉景勝（一五五五—一六二三）の旗奉行に梅津宗琳という者がいた。ある合戦に際し、錦の直垂を着、景勝の「毘」の字の旗五、六本を押し立てて敵城間近に迫った。しかし、なにしろ敵に近いので、部下の旗の者たちは、前に進みかねている。

そのとき宗琳は馬から降り、旗の者が杖にしていた木刀を取りあげ、これを地面に打ち込んで、旗をしっかりと結びつけた。そして、やおら兜を脱ぎ、「上杉景勝の家来、梅津宗琳、たしかにこの陣場を乗っ取ったり！」と大音声で城内に向かい、名乗りをあげた。城兵はただちに鉄砲を撃ちかけ、旗の者が左右へ撃ち倒されたけれども、景勝の旗は少しも動かず、厳然と押し立ったままであった。これを見て、あっぱれ、さすがは景勝の旗奉行なりと、城中城外、敵味方なく、おおいに賞めそやしたという。

旗や幟はいわずと知れた一軍の象徴である。その進退はおおいに士卒の士気に影響する。したがって旗大将には、家中の俊秀が選ばれた。腹の坐った、しかも機転の効く者でなければならない。全軍の士気を生かすも殺すも、旗大将の度量ひとつである。そういう意味では旗大将こそ合戦において、一軍の大将にもあたる重大な役割といえよう。

●出陣前の女っ気は絶対タブーだった

「大将は出陣に際して、三日間は清浄潔斎すべし」

大将たる者、出陣まえの三日間はもっぱら身を慎んで、妻妾と同衾《どうきん》してはならない、と戒めているのだ。とくに妊婦には、その戎衣《じゅうい》（甲冑、軍服の意）に、手もふれさせてはならぬ、また、産後といえども、三十日を経なければ、汚れを移されて、かならず討死してしまうといわれた。

いつの時代の戦争にも、運、不運があることはたしかだが、戦国の合戦ほど、縁起ずくめであることもめずらしい。すぐあとの項で述べるが、敵に勝つという意味で勝栗《かちぐり》を食べたり、占いによる凶日には合戦を休んだり。しかし、この出陣まえの清浄潔斎ばかりは、素直にうなずけるのではないか。

妻妾に心ひかれては、勇猛心の鈍ることまちがいない。また、出陣前夜まで房事に励んでは、肉体的にも疲労感が出て、たいせつな出陣式がしまらないものになってしまう。冒頭の一節につづく「大将軍の門出のとき、女人に後せぬ事なり。慎むべし。軍の障碍《しょうがい》は女人との交りに過ぎたる禁忌なし」という『兵将陣訓要略鈔《へいしょうじんくんようりゃくしょう》』の戒めは、まことにもっともである。

ところで俗説に、具足櫃《ぐそくびつ》に枕絵を入れておき、出陣に際し開き見て、心鬱を晴らすともいうが、このほうの真偽のほどはどうか。たしかに異常な心理状態におかれた、人間性の一面を語るようで、あるいは本当かとも思われるが、『武家俗説弁』では、その愚劣さを、「枕絵を見て出陣したればとて、臆したる武士の勇気を生ずべきにも非ず。すさまじき手柄をあらわすにてもなし。ただこれ、婦女子の伝えなるか。心ある将兵、神明を勧進せる兵具の器に、いかでかくの如き汚穢のものを入れんや」と一笑に付している。

やはり、女っ気を遠ざけるのが、武将出陣時の作法であることにまちがいはない。

●出陣式と現代の結婚式はここが同じ

出陣式は、武家屋敷の主殿で行なわれる。

軍装勇ましく整えた大将は、南向きの床几に腰をかける。それから「式三献」という盃ごとが行なわれるが、前項どおりの女っ気抜きで給仕人もすべて、武装した家来たちである。

まず折敷《おしき》、または三方《さんぼう》（ともに食器や神饌《しんせん》を乗せる台）に、縁起ものの肴を乗せて運んでくる。手前右には昆布、左に三つ重ねの素焼の盃、向こう側右に勝栗、左に打鮑《うちあわび》の四品である。勝栗は五個、昆布は細長く三寸（約九センチ）くらいに切って三枚か五枚。打鮑というのは、鮑の肉を薄く伸して干したもので、やはり細長く切って三枚か五枚、いずれも素焼の皿に乗せてある。

この肴の三品はなにを意味するのかといえば、「打勝ってよろこぶ」という、判じ物まがいの縁起かつぎである。その品や並べ方は今日の結婚式に残っている。

さて、配膳がすむと、今度は酌人が進み出て、片口の長柄銚子で酒をつぐ。大将はそれを一の盃で受け、肴を順にかじりながら二の盃、三の盃と一杯ずつ呑み干す。これを一献、二献、三献といい「式三献」というのもそれに基づいている。

酒のつぎ方も三度に区切り、初めの二度は少なく、三度めを多くつぐことになっている。

『軍用記』によれば、馬尾馬尾鼠尾《ばびばびそび》、つまり馬の尻尾のごとくチョロチョロとついで、最後に、ネズミのごとくドッーとつげ、というふうな、なかなかおもしろい表現を使っている。三度に区切って盃三つを干す、これがすなわち三三九度となって、これまた今日の結婚式に形を残している。

盃ごとをすませた大将は、瞑目して武の神、摩利支天や、自家の信仰する神に勝利を祈る。

「われこの軍に勝栗、われこの敵を打鮑、なにとぞ勝利を得させ給え」

と口ずさむのである。

●出陣と戦勝時の「鬨の声」はなぜ違う?

出陣式の締めくくりとして、景気よく鬨の声をあげる。すなわち大将が、中門外に踏み出し、右手に弓、左手に軍扇を開いて、「えいえいえい……」と叫ぶ。すかさず将兵が武器をあげて「おう!」といっせいに応じるのである。えいえい声は激励の掛声、おうは、それに対する「応」の意味である。

この場合にも法式があって、陣立の左から始めて、右へつづくのである。まず左の陣から「えい、えい、おう」と叫び、右のほうの陣でこれに呼応して叫ぶ。なぜかというと、左は陽、右は陰であるから、陽から陰へ移るのを吉事とすることによる、これまた縁起かつぎである。

鬨の声には二種類あって、出陣または戦闘開始のとき発するのを「鬨をつくる」といい、戦勝に際してあげるのが、いわゆる「勝鬨」である。勝鬨の場合は多少法式が異なって、大将は床几に腰をかけ、祝いの勝栗を右手に持ち、左手に軍扇を残らず開き持って「えいえいえい」と呼ばわるとき、三度めに諸軍勢が一斉に「えい、えい、おう」と叫ぶのである。

なお、出陣の鬨は初め低く弱く、終わりに高く強くし、帰陣の勝鬨はそれと逆に、初め高く強く、終わりは低く弱くする。前者は軍神を招き祈る意味であり、後者は敵軍退散を悦び、軍神を奉送する意味からである。

●合戦に必ず勝てるこの十四項目

合戦はなにがなんでも勝たなければならない。あたりまえである。だれが敗けとわかっている戦をしようか。

いわく、敵を討つにもっともよい時期、つまり勝機をつかむのには、十四の機会がある。その一は、敵がまだ集結していないまえ、二、人馬がまだ食事まえの時、三、敵が方角を失っている時、四、敵がまだ陣取りをするまえ　五、敵の備が乱れている時　六、敵の作戦がきまっていないうち　七、敵が疲れている時　八、大将が備を離れた時　九、敵が長途をした半ば　十、川を渡る半ば　十一、難所を越える時　十二、敵が油断をしている時　十三、敵が手段を

失っている時　十四、敵が恐怖している時。これらの時を見はからって攻めれば、勝つことうけあいである（『当流軍法功者書』より）。

「すかさづ討つ」「急所を衝く」ということである。ごく基本的なことでありながら、じっさいには戦場でその機をつかみそこねることが多かった。そこが良将・凡将のわかれめで、現代人にも通じる人間性や処世観の真理を含んでいる。

●おたがいに縁起かつぎで休戦になることもあった！

戦国時代の戦には、たびたび述べてきたように、縁起をかつぐことがきわめて多かった。さらに例をあげれば、山鳩を霊鳥と見たてたし、山鳩でなくても、いっさいの大小の諸鳥が、味方の陣上を飛び回れば、軍神の加護がある証拠とした。また、鳥が味方の陣のほうから、敵陣のほうへ飛んでいけば、その日の戦はかならず勝つ。逆に、敵陣から味方の陣に飛んでくれば、その日の合戦は不吉だから回避する、という具合である。

軍師と呼ばれる者たちが、額を寄せ合っての作戦会議でさえ、こんなことをいっている。城攻めの最中のことである。「明日は十死日、明後日は絶命日にて、両日ともに大悪日にて候。来月一日こそ大吉日にて候えば、城乗りを命ぜられてよろしかるべし。たとえ急に打ちてよろしく候とも、悪日に城を攻めんには、士卒のみ討たれて勝利は無かるべし。吉日に戦えば、手負、死人無くして、城を陥《おとし》いること易かるべし」

このように、当時の合戦は吉凶を占って、凶日にはやたらに合戦を休んだものらしい。『義貞記《ぎていき》』にも「三、五、九、十一、十五、十七、二十一、二十三、二十七、二十九日、ことに小の月の晦日には敵を撃ってはならない。出陣して帰ることがないからである。一、二、七、八、十三、十四、十九、二十、二十五、二十六日を上吉の日とする。また昼に二時、夜に二時、人死する時というものがある。この時に合致しなければ、敵を討ち滅ぼすことはできない」とある。

江戸時代にできた兵法書が、占い関係でそうとうの量を取っているのは、戦国時代のその縁起かつぎを、無批判にもったいぶって文章にしたものである。おかしなことに、味方の悪日が敵側にも悪日になるので、対戦しながら自然休戦となることもしばしばであった。

●足軽たちの主従意識はきわめて薄かった

弓組、槍組（長柄組）に鉄砲組を加えて、戦国時代の集団戦闘に、足軽が果たした役割はきわめて重大であった。長篠の合戦では、織田方の足軽銃隊が、戦局の大勢を決するほどの、強大な勢力となる。しかし足軽のなかには、山賊、夜盗にまぎらわしい者が多く、主従観念はきわめて薄かった。したがって、その操縦はなかなかむずかしかった。

「矢をも射ず逃ぐるを恥と思うなよ　かろく帰りて云うは足軽」

こんな戯歌が残っているし「およそ足軽というものは、百姓、町人の類から出たもので中より下の者が多い。故に義を思うこと薄く、敵を間近にして嫌気がさすと、卑怯な心が起り易く、なにか下知しても進もうとしない」と、そのあつかいにくさをなげいた古文書もある。

それゆえ「馬上の侍」と「足軽」とのあいだに厳然たる差別を設け、極端に足軽を卑しめたものである。しかし、さまざまな弊害を知りつつも、諸家では足軽を雇わずにはいられず、足軽は時代の申し子となった。とくに秀吉自身、足軽から立身したこともあって、豊臣時代には「取立侍」という登用の道も開けるようになった。

　長宗我部元親（一五三八―一五九九）がおおいに活用したものに、足軽よりはぐっと身分のいい「一領《いちりょう》具足《ぐそく》」という特別な階級があった。屯田兵とでもいう職分で、平時は農耕にしたがっており、合戦があると駈けつける。そのため、つねに武具を備えておかなければならない。田を耕しにいくときでも、具足一領とわらじと腰兵糧を、槍の柄にくくりつけて、畔に立てておく。そして、いざ合戦となると、鎌や鋤を投げ捨てて駈けつけるのである。鎧一領だけで予備を持たず、馬も乗替えがなく、走り回るから「一領具足」の名を生じたという。

　だいたい一町（約九十九アール）ぐらいの土地を持つ、農村の名主であった。しかしこの一領具足も困ったことに、農繁期になると、戦勝による占領地であってもそれを捨て、さっさと帰国してしまうというような、操縦の困難さがあったようである。

　肥後（熊本）の「一領一匹」、阿波（徳島県）の「一領一疋《いっぴき》」なども、同様の軍役を果たす身分をあらわす。いずれものちの郷士に類するものである。

●戦場博奕《ばくち》で大負けし、素裸で戦に出た足軽たち

いかに占いによって合戦を休んだとはいえ、やはり戦場は命のやりとりの場である。あすの命も知れぬ、という心理状態、しかも、なかばむりやりに引っぱってこられた足軽たちが、合戦のあいまになにをやっていたかといえば、それは、酒に女に博奕であろうことは、あらゆる戦争をふり返るまでもなく、容易に想像できるだろう。

戦場賭博の変遷について、三田村鳶魚翁が『江戸の白浪』のなかでふれている。

当時の博奕とは、もっぱらサイコロ賭博であった。

話は応仁の乱にさかのぼる。大規模な戦がいつまでもつづくと、博奕も大がかりなすさまじいものになった。あすは死ぬかもしれない、という心理状態が手伝って、賭金はやたらに大きくなる。ツキのない者は、またたくまに、有金残らずなくなってしまう。そうなると、つぎに賭けるものはといえば、みずからの武具、馬具のたぐいである。

したがって、いざ合戦が始まってみると、戦場には、冑だけであとは褌をしめた素裸の者や、鎧は着ていても、太刀や冑のない者など、おおかた片輪になっていて、そろった武装をしている者は少なかった。

そして、そうした武装のそろわない者のほうがかえって高名手柄をたてることが多

かったというのである。つまり、博奕に負けてとられた者は、そのうっぷん晴らしに、やけ糞になって強くなる、あるいは、今度の戦でなんとか元を取り返そうと、必死になって戦うからである。

こうして自分のものを賭け、負けた分を手柄でおぎなうという程度ならまだよかった。

戦国の初中期になると、有金残らずスッてしまうと、もはや武具、馬具は賭けない。ではなにを賭けるかというと、京都のだれそれの土蔵を、あるいは、あの寺の蔵を……ということになるのである。勝った者は、蔵代いくらという見積りで取る。負けた者は、いつ幾日の夜、どこそこの蔵を破ってきて渡す、というような約束をする。

京都を攻めるほうが勝ち、守るほうがかならず負けるのは、この略奪博奕のせいであった。どんな名将でも、この原則をくつがえすことはできなかった。

●合戦のドサクサまぎれに神仏まで略奪された

戦国時代に、領主から神社仏閣などに「制札」というものが与えられた。それを見ると、どれにもかならず「この境内で濫《らん》妨狼藉《ぼうろうぜき》することを堅く禁ずる」という一条がある。いかに掠奪が行なわれたかの、逆証になるだろう。

この「濫妨」とは、今日でいう、ただあ

ばれまわるだけの乱暴と、まるで内容を異にする。『応仁記』にも「兵粮を押取り、神仏といわず乱妨す」とあるが、武具や器具、食糧のみならず、女や子どもにまで濫妨するというすさまじさである。それゆえ、さらに一字加えて「乱妨取」ということばさえある。

なかには、戦のどさくさにまぎれて、徳人（財産家）のところに押入って掠奪したり、富裕な村方を襲ったりして、自分が裕福になり、楽々と暮らしたという話すらある。天正五年（一五七七）十月三十日、山中鹿之助が三保の関に夜襲を試み、隠岐判官の宿営を襲ったさい「地下人ども得たり賢しと濫妨し、徳人となりて楽しみあいぬ」とある。つまり、鹿之助の夜襲に乗じて、土地の者たちが、大掠奪をやって財産家になり、のちのちを豊かに暮らしたというのだからひどいものである。

さらには、天正十九年（一五九一）七月に蒲生氏郷が九戸城を落とした折りのこと。城主、九戸の妻は、かろうじて城を落ちのびはしたが、慣れぬ身でうろついていたところを、捕えられてしまった。そして身ぐるみ剥ぎ取られたとあるから、敵味方、主従の見さかいなく、ただもう掠奪のための合戦場と化していた観がある。

●敵将の首はいかにして取ったか？

戦闘の目的は敵将の首を取ることである。

それが唯一の戦功の証拠品であり、源平時代から戦国を終わるまでその意義は変わらなかった。では、合戦中に、いかにして首を取ったのだろうか。

鎧武者は、ひとたび転倒してしまうと、なかなか起きあがることができない。物につかまるか、うつ伏せになって、足を立てて起きるか、あるいは尻をもち上げて起きるかである。そのモタモタしているところへ組みついて、すばやく首を取るのが最上の方法である。

組み敷いたら、まず冑の眉庇《まゆびさし》をつかんであおむけにし、足で肩を踏みつける。相手はとうぜん、起きあがろうとしてあばれるから、足でも尻でも刀でたたきつけ、殺したのを見届けたうえで、前から首を掻く。功名をあせり、すでに首を取ったような気で、うっかり油断して近づくと、返り討ちにあうことがある。これが無上のおろか者として、さげすまれたことはいうまでもない。

さて、ようやくの思いで討ち取った首にも、証人がいなければ証拠品とならない。それには、自分と後先になって戦場へ進む者に、なにかと話しかけておく。顔を覚えてもらい、後日、手柄を立てたときの証拠人になってもらうためである。さらに取った首には、かならず口や耳の中に、笹の葉や木の葉を入れ、これまたのちの証拠にする。

首は取ったが自分も傷ついているような場合、味方の者が「その首を首実検に持っていってやろう」などといっても、うかうか渡してはならない。いかに味方といえども、戦場のことであるから、自分の手柄のように報告する。そんな不届者がいるかもしれないからである。

　こうした記事が残っていることにも、戦場の知恵や、ゆがんだ戦国の道義観をかいま見るのである。

●どんな戦功でも抜け駆けは切腹の罰

　戦のあいまには博奕に明けくれ、そのあげくの見さかいのない掠奪、おまけに味方さえ信用することができない。これでは敵に負けるまえに、味方に負けてしまうことになりかねない。そこで重要になるのが厳しい軍律である。

　軍律とは「こうせよ」「こうしてはならぬ」という一軍内の法律である。もちろん諸家それぞれ独自のものを作ったが、どの軍法にも共通のものがある。それは、下知のない行動をとることの禁止である。戦国の代表的な軍法である徳川家康の『小田原陣御軍法』に、つぎのような箇条がある。

一、下知無くして、先手を指し置き、物見を遣わす儀、曲たるべき事。

　さらに、

一、先手を指越え高名すといえども、軍法に背く上は、妻子以下ことごとく成敗すべき事。

すなわち、いかに高名をあげても、それが下知まえの抜け駈けであれば、妻子ともども成敗、というわけである。こうなると単なる約束ごととはいえない。じつに厳しい。そして、家康は実際にそうした処罰を執行しているのである。

　天正六年（一五七八）、家康は武田勝頼と対峙していた。そのとき、重臣、大須賀五郎左衛門の甥である小吉という若者が、勝頼の旗本へ抜け駆けをやってのけ、大将クラスの首を取ってきた。しかし、それが抜け駆けであることを知ると、家康は烈火のごとく怒り、爾後のみせしめのために、即座に切腹を申しつけたのである。

　小吉は怖れおののき、同じく重臣、本多平八郎忠勝の幕下に寛恕《かんじょ》を乞うた。しかし、家康は忠勝の宿所にも乗りつけ、「小吉を出さずば忠勝も同罪だ」ときめつけている。忠勝といえば、功労抜群の勇将である。にもかかわらず、家康にこういわしめたことは、いかに軍法を重要に考えていたかの証明になろう。その直後、小吉は泣く泣く切腹して果てた。

『上杉家軍法』第一条もかなりすさまじい。

一、主人、組頭討死の時は、その組子、被官一所に討死すべし。但し所によるべし。

場合によってはというものの、もし主人が討死を遂げたら、部下のことごとくは生き恥をさらすことなく、みごと討死せよというのである。

● 陣中で火事を出したらクジ引でひとりだけが死罪になった

軍法と同じような性質を持つものに、軍令がある。これは主に部隊内部の規律に関することで、喧嘩、口論、放火、遊興などを厳しく禁じ、違反者には、極刑を科する旨が記されていた。戦国の法律というのはじつに厳しく、改易、追放などいわば中途半端な処罰は見あたらない。武士の有罪は即死刑といっても過言ではなかった。

これは一般庶民、農民に対してもときには同じで、一銭盗んでも斬首という、信長の「一銭斬り」は有名である。斎藤道三も、租税未納者を釜うでにしたという。しかもその火たきを、罪人の女房や子どもにやらせたというからなんとも残虐である。

そうしたなかで「兵法雄鑑」に誌す軍令にどうも不可思議なものがある。それは、陣中で火事を出したらその陣中でクジを取らせ、当たった者ひとりを死罪にする、というものだ。戦場においては、つねに忍びや乱破が入り乱れ、放火、掠奪のスキをうかがっている。だから陣中での出火は、怠慢として厳しく罰せられるのはわかる。しかしなぜクジ引などをするのだろう。不幸にも当たった者はたまらない。これはおそらく、陣中すべて同罪として罰したのでは、戦力低下を招くからであろう。

またさきの『上杉家軍法』中、鉄砲足軽に対する軍令に、「鉄砲捨て候もの、如何様の手柄　致し候とも成敗すべき事」というのもある。

足軽にとって、鉄砲は命よりたいせつなものだったのである。

このほか、諸家の法令でミスばかりか、出すぎ（出しゃばり）や、大言壮語まで厳しく罰しているのは、中国の兵書などの影響と、この時代に、いわゆる組織戦闘の意義が大きくクローズアップされたためであろう。各人にもちろん手柄はあげさせねばならぬが、そのため内紛のもとを作ったり、家臣がみずからの権威の外に出ることを、厳しく監視しなければならなかったのである。

●討ち取った首は持ち歩く内に重くなる⁉

討ち取った首、敵の首を「首級」という。なぜ首に「級」の文字がつくのであろうか。『武将感状記』はこう説明する。

「中国では秦の時代（紀元前二〇〇年ごろ）、戦士をはげますために二十級の爵位を設け、戦って首ひとつ取るごとに、一級ずつ上げたという。だから首級というのである。本朝でも一等より十二等まであるのは、兵をはげまし賞する意味で相似ている」

こうした記事にもあるように、日本でも、そうとう古くから首取りが行なわれ、戦国時代を通じて、江戸初期までつづいた。取った首は首袋へ入れ、または従者に持たせるのがふつうだが、乱戦となると、そんな重いものをぶらさげて歩くわけにはいかない。それで、耳だけ切って証拠品の代用にしたり、死体の足の裏などに十文字や丸の傷をつけ、合戦のあとで調べるなどの便法を用いた。

なにしろ首というのはひどく重い。どれくらいの重量があったかというと、『雑話筆記』という書物に、つぎのような珍妙な記事がある。

「およそ首の大小につきて、軽重の差別あり。至って大なる首にして軽き首あり。至って小さき首にして重き首あり。これを考うるに、精神の首に止ると散ずるとの差別によると見えたり。たいてい首は、米二升あまり三升の重さなりといえども、しばらく提げているときは、はなはだ持ち重りのするものなり。しかれども尋常の人にても、ふたつばかりならば両手にさげて、二里も三里も往行すべし。いわんや力量あるものは、十も十五も物に掛けて、担い背負うべし」

多少説明を加えれば、首の軽重は、その首に精神がこもっているかどうかによる。魂の残っている首は重いという意味だろう。ばかばかしいと思うが、なんとなく薄気味が悪い。ふつう米二〜三升（約三〜五キロ）の重さだが、持ち歩くうちに重くなるものだというのも、ぞくっとさせるものがある。この記事によれば十も十五も運べたそうだが、実際にもそうとうの数は持ち歩き、その運び方にも方式があった。

騎馬の場合、大将クラスの首は鞍の左側、葉武者（雑兵）は右側につける。髻を解いて、それを鞍の前輪にくくりつけるわけだが、入道首（坊主）の場合は髪がないから、紐を口から顎の下へ通してぶらさげたそうである。

●首の化粧は女の役目だった

大将が首実検を行なうまえに、首に化粧をするという奇妙なしきたりがあった。しきたりというより、これは死者に対する儀礼、武士道に基づくセレモニーととらえるべきだろう。

首化粧はまた「首装束」ともいう。まず首を水でよく洗い、血や泥をきれいに洗い落とすのである。それから髪をていねいにすきあげて、新しい元結で髻《もとどり》を高くゆいあげる。このとき髪に水をつけて、櫛のみねでなでつける。髪を水でなでつけるのはふだんタブーとなっているところで、首の場合にかぎり行なうのだそうである。それから、顔に刀傷などがある場合、米の粉をふりかけて、傷口が見えないようにする。そぎ取られた個所は、米の粉の固練りでふさいでおくぐらいの細工はした。

こうしてだいたいの形ができあがると、こんどは仕上げのお化粧にかかる。高級武士のなかにはおはぐろをつけ、薄化粧をして戦場にでた者があった。こういう首には、紅をつけ白粉を塗ってやるのである。この首化粧の模様をたくみにとり入れて、一種異様な雰囲気を出しているのが、谷崎潤一郎氏の名作『武州公秘話』である。薄暗い天守閣の一室や倉庫などで、首化粧をするさまは、想像するだに怪奇ですさまじい。

　合戦において、とかく女を忌み嫌う戦国時代ではあったが、この首化粧ばかりは女の役目である。侍女や小間使いの女が駆りだされて、これに当たった。合戦場が遠く、侍女がいないところでは御陣女郎にやらせた。まだうら若い女たちが、首の選別から始めて首化粧にかかる。さぞ気味の悪いことだろうと思うが、これも慣れるとなんでもないとみえ、どの家中でもすべて女がこの役を引き受けている。

　首化粧はまた、関ケ原の合戦に、大垣城にいたおあむなる女の体験記『おあむ物語』に生ま生ましく描かれている。

「私も母も、そのほか家中の内儀や娘たちも、みなみな天守閣に上がって鉄砲玉を作りました。また、味方の者が取った首を天守閣へ集めて、それぞれ札をつけて整理しておいたものです。数多い首のなかには、度々おはぐろをつけた首がまじっていました。それはどういうわけかといいますと、むかしはおはぐろをつけた首は、身分の高い人のものとして尊敬したからです。それゆえ、おはぐろをつけない白歯の首も、それにまねて、なんとかおはぐろをつけておいてくれと、首を取った人から頼まれたものです。こんな話をすると、首は気味が悪かろう、さぞおそろしかろうと思う人があるかも知れませんが、首だとて慣れてみると、なんでもないものです。私たちは首どもの血なまぐさいなかに、平気で寝ていましたもの」

●「首実検」は最高の礼をつくして行なった

取った首を検分して、論功行賞のため、公式に確認するのが首実検である。武士道の精神に基づき、敵の亡骸に敬意を表する。これが極端になって、いささか芝居じみた礼式作法を作りあげた。形の整った首実検は、元暦元年（一一八四）二月七日に、源義経が、一ノ谷の大勝に際して行なったものが、いちばん早いようである。

首実検は多く寺で行なわれ、実検者は山門の内、首を見せる者は門外にひかえる。山門のない場合は、幔幕《まんまく》で内と外を分けるのがふつうであった。そして、実検者も首披露の奏者も、立会の面々もすべての者が、厳重に武装する。鎧を着、冑をかぶり、弓を持ち矢を負うというところに、まず首たる死者に対する「礼」を見るのである。

首にも格があって、大将や貴人、高位の人の首を検分するのを「首対面」、物頭、諸奉行クラスと馬上の侍の場合が「首実検」である。いちいち首の名を呼びあげ、大将がゆっくりと顔をたしかめる。葉武者、雑兵の場合は「首見知り」といい、百個以上たまるのを待って一度にかたづけてしまう。幕の外にずらりと西向きに並べ、大将はその前を北から南へ騎馬で、三度往復する。このとき、左眼で白眼になって通りすぎる、などというおかしな作法がある。

首は、首実検のあと、無用のものとして捨てるのではない。たいてい、いっしょにして寺へ葬ったのである。高級武士の首であれば、僧を招いて読経してもらい、二十一日間の精進をし、首塚を築いて冥福を祈った。葉武者の場合でも、首が三十三個たまったら、やはり読経して首供養するのがふつうである。また、敵の家族などに送られる場合もあったが、このときでも敵の名誉を重んじて、驚くべき丁重さで送り届けたものである。

●一番槍は合戦で最も名誉のある手柄とされた

勲功ある者はかならず賞し、罪科ある者は厳しく罰する――これが戦国時代の鉄則である。賞罰が公正、的確に実行されないと、ただちに家臣の士気に影響するし、ひいては謀叛のもとにもなりかねない。いずれの家中でも、賞罰には合戦と同様の心を配った。

手柄を賞するには、領地を与えるのが最高で、以下、姓名を授けたり刀剣、黄金などを与える。また感状を贈るといった方法がとられた。もちろん最大の功労者には、領地と姓名、そして感状を合わせ贈ることもある。

諸家によって、また合戦の規模によってちがうことはいうまでもないが、『武教全書』で賞の対象とする個条書の第一は一番槍である。「その備において一番に槍を合わするを一番槍という。勝負は時の運なれば論ぜず、その士の忠義勇相の備われるを以て、英雄の武士と定むるなり」とある。その一番槍で金銭を賜った例を『武将感状記』からあげておこう。

三宅なにがしという若党が、秀勝のもとに母衣首《ほろくび》を持参した。母衣とは背に負って矢を防ぐ具。格式ある侍でなければ用いない。これが最後という合戦にはかならず着けたので、討死のとき誰だかわかるようにその下部に姓名を書いた。母衣をつけた侍の首を取ったら、その母衣で首を包み、これを母衣首といって礼を尽したのである。

その首尾を聞けば、一番槍であり、しかも物頭の首であるという。秀勝は「比類のない手柄である」という褒美の詞を与えて、秀吉の本陣に行かせた。秀吉もおおいに感じて、その場で三宅に金銭を与え、秀勝にも大和当麻《やまとたいま》の槍と黄金十両を与えている。その後、三宅にはさらに、一番槍の感状が贈られ、禄もあがって一部隊の将にされたという。

そこでつぎに感状の例もひとつ紹介しておこう。上杉謙信が川中島の合戦のあと贈った、俗に「血染めの感状」と呼ばれるものである。

去る十日信州河中島に於て、武田晴信に対し一戦を遂ぐるの刻、粉骨比類無く候。殊に親類被官手飼之者余多これを討たせ、稼ぎを励まさるに依り、兇徒数千騎討ち捕り、大利を得候事、年来の本望を達し、又面々の名誉、この忠功政虎一世失すべからず候。いよいよ相嗜《たしな》まれ、忠節を抽《ぬき》んでられること簡要に候。謹言。

九月十三日　政虎（花押）

色部修理進殿

●討死した者の葬儀費は主家がすべて負担した

手柄を立てて名誉に有頂天の者の陰には、かならず討死をとげた兵士、泣きくずれる家族が数多くいる。では戦傷者への慰問、戦死者の葬儀、遺族への見舞いの状況はどうだったのだろうか。

負傷した兵士のところへはたとえ下々の者といえども、主将みずから慰問し、いたわりのことばをかけるのが原則である。介抱人をつけて治療を加え、ときどきは自分で行って容体をたずねたり、医者に命じてたいせつにあつかうようにしなければならない。

また戦死者があれば主将みずから行ってその屍を抱き、その子弟を厚く遇するのが当然である。もし子弟がなければ父母や妻に禄を与え、彼らの望み通りに家督をつがせてやる。およそ討死した者の葬儀や法事の諸経費は、いっさい主家が負担して、りっぱにあげてやらなければならない。

以上は『兵法一家言』が教えるところであり、じっさいこれらは士卒の士気を上げ、家臣の統率上、ぜったい必要な心くばりであった。

九章

実録・合戦例ものしり6の考証

——戦国時代を象徴する名将・知将の戦いぶり

●厳島の合戦――徹底した謀略戦法で大勝した毛利元就

室町時代以来、周防、長門、安芸、備後など中国地方の瀬戸内海側は、名門大内氏が治めていた。ところが、戦国に入って天文二十年（一五五一）に下剋上の典型的な事件が発生、主君の大内義隆を殺した陶晴賢《すえはるたか》がとって代わった。いっぽう、毛利氏は、大内氏と出雲の尼子氏にはさまれた安芸の一豪族にすぎなかった。しかし、元就が大内義隆に仕えてから、勢力が急に伸長し、その領国は小さくとも発言力は陶晴賢と肩を並べるくらいになっていた。厳島の合戦は、もと大内氏の領土を争って、この両者が起こしたものである。

元就は、晴賢が義隆にとって代わってからも、しばらくその家臣に甘んじていたが、石見津和野《いしみつわの》三本松城主吉見正頼が晴賢にそむいたのを機会に主従の関係を絶ってしまう。すなわち、晴賢が三本松城を包囲しているすきに、電撃作戦を展開して、厳島まで占領してしまうのである。

晴賢が自分にそむいた元就を見逃がしておくはずがない。とうぜん大挙して出撃してくるにちがいない。元就もそのへんをあらかじめ読んでいた。そこで、巧妙無類の謀略戦術を駆使することになる。

晴賢の保持する勢力は二万、いっぽう、元就は四千、まともにぶつかっては元就に勝ちめはない。元就が勝つためには、晴賢の大軍を動きの取りにくい狭い地域へおびき寄せて袋だたきにするしかない。見回したところ、その最適地は厳島である。そして、ここに晴賢の軍勢を集めるために、元就は、あらゆる謀略を駆使する。

まず、弘治元年（一五五五）三月、晴賢が派遣した天野慶安というスパイを逆利用して、晴賢の重臣で智勇兼備の江良房栄《えらふさひで》を晴賢自身に殺させた。房栄が毛利に内通しているというデマを流したのである。これは、四章に述べた反間の術の実践例である。このように、元就は、まず、敵の智恵袋をほふっておいたのである。

天野慶安には、また、厳島が毛利の生命線であると吹き込んでおいた。この言に真ぴょう性をもたせるために、厳島の対岸の門山城《かどやま》を破壊して厳島の西北部、有の浦に宮ノ城を築城し城兵五百人を配備する。さらに、本拠の郡山城に戻った元就はダメ押しの策を弄する。すなわち、諸将慰労の酒宴をはり、その席上酔ったふりをして、「宮ノ城を築くなど、わしはまったくどうかしていたわい。あの城を防禦するのはなみたいていのことではない」などと嘆いてみせた。

もちろん、郡山城下に晴賢の間謀が入りこんでいることを意識したうえの言である。元就の目算どおり、このことばはすぐ晴賢に通報された。いっぽう、元就は重臣桂元澄に命じて、陶方に寝返るという偽の密書を送らせる。その内容は、「貴殿が厳島へお渡りになれば、元就は全軍を上げて宮ノ城を救援する作戦である。このとき、拙者は貴殿のほうへ寝返り、毛利の本拠郡山城を攻め取りましょう」という趣旨であった。

さらにまた、元就は間者を放って、「もし晴賢が宮ノ城を攻めても、陶の軍船五、六百せきに対して毛利は百せきの小船しかないので、援軍は出せない。そこで、元就はなんとか宮ノ城の防備が固まるまで晴賢の大軍が来襲しないように、それだけ祈っている」とデマを流させた。同時に元就は裏工作として、三男の小早川隆景を優秀な村上水軍に派遣し、これを味方につける交渉をしている。

このように、四重、五重の謀略をめぐらされたからには、さすがの陶晴賢もとうとうひっかかってしまった。弘治元年九月、晴賢は二万余の軍勢を率いて居城山口を出発し、厳島に上陸した。厳島に上陸した晴賢は宮ノ城の南方、塔ノ岡に本営を定め、ただちに宮ノ城攻撃を開始した。城兵は必死に防戦したが、水の手を断たれ、堀を埋められ、大道を掘る作戦に出て落城寸前となっていた。

このとき元就は、総兵力三千五百で厳島の対岸地御前《ぢごぜ》に布陣していた。なかなか姿を現わさない村上水軍をイライラしながら待っていたのだ。九月二十八日、待ちに待った村上水軍は三百せきの軍船を率いて参陣した。そして九月三十日、おりからの風雨をついて元就は地御前を出発し、厳島の東北岸、鼓《つづみ》ノ浦に上陸した。いっぽう小早川隆景の率いる別動隊千五百人は、塔の岡の正面に上陸した。このときも隆景は陶軍のパトロール船に「ご加勢のため、軍兵あまたを乗せ、まかり登り、ただいま到着申し候」とひっかけている。厳島の合戦は、最初から最後まで謀略で終始したのである。

こうして無血上陸に成功した元就軍は、明けて十月一日午前四時、ドン、ドン、ドンという太鼓の合図とともに、鬨の声をあげ、陶軍をハサミ撃ちにかかった。まず、威嚇戦術に出たのである。不意をつかれた陶軍は、まったくなすすべを知らなかった。あっというまに総崩れとなり、大元浦方面に敗走する。そこで待っているはずの軍船にわれ先に飛び乗ろうとした。しかし、軍船のほとんどは村上水軍によって撃沈され、たまたま残っていた船も陶軍が殺到したため、乗りすぎて転覆し、多くの兵が海底に消えた。

陶晴賢も山口に帰って再挙をはかろうとしたが、退却が遅れたために大元浦には軍船が一せきもない。小早川隆景の追撃をかわしながら大江ノ浦までたどりついたが、ここにも軍船がない。東岸の青海苔《あおみごけ》浦も探したが、やはり船はなかった。ついに晴賢は覚悟を決め、大江ノ浦の奥高安原で切腹した。三十五歳であった。

こうして厳島の合戦は終わった。元就は、厳島の社殿を潮水で洗い浄め、血に染まった土を削りとり、大勝を奉謝した。

この合戦により毛利元就は、中国統一の第一歩を切り開き、二年後には、山口に攻め入って大内義長を滅ぼし、永禄八年（一五六五）には山陰の雄、尼子氏を滅ぼして中国地方の覇権を確立したのである。

●桶狭間の合戦——強運に恵まれ奇襲を成功させた織田信長

応仁の乱以来失墜していた室町幕府の権威も、足利義輝が第十四代将軍として立ったとき、一時的に回復した。このとき駿河、遠江を領する東海の覇者、今川義元は上洛を決意する。永禄三年（一五六〇）のことである。

今川氏は将軍家の一族という名門の家柄である。成上がり者が多い戦国大名とは格がちがう。将軍家の後楯としては、自他ともに最適と考えても不自然ではない。こうして、すでに四十五歳という年齢にもかかわらず、義元は京へ出発するのである。

その行手をはばむのが尾張に居すわる織田信長である。義元が上洛のため進軍すれば、両軍が激突するのは火を見るよりも明らかである。そこで、義元は、永禄三年五月十二日、京へ出発するにあたり、軍勢をつぎのように配分した。

先発隊を松平元康（徳川家康）など、第

一、第二兵団（兵約四千百）に受けもたせ、織田側の丸根砦を攻撃させる。第三兵団（約三千）は鷲津砦攻撃の任に当たらせる。第四兵団（約五千）は信長の本拠、清洲に向かって進軍。義元が率いる本軍は、約五千の兵力であった。

先発隊は十五日に、織田領に侵入、十九日に至ると、丸根、鷲津をまたたくまに落とした。今川軍侵入の報は、すでに清洲城の信長のもとに伝えられている。すぐさま重臣を集めて作戦会議が開かれ、大多数は籠城論を主張したが、信長は出陣して決戦を交えることに断を下した。どこからも援軍がこない織田軍では、籠城しても勝つ見込みがない。それよりも一か八か奇襲をかけてみようというのが、信長の戦術である。

十九日夜半、仮眠中の信長は「今川軍丸根砦攻撃」の報にとび起きた。すぐさま陣ぶれ（出陣）のほら貝を吹かせ、みずからは湯漬けをかきこんで鎧、馬を用意させながら得意の謡曲「敦盛《あつもり》」を舞った。「人間五十年、化転《げてん》のうちにくらぶれば、夢まぼろしの如くなり。一度《ひとたび》生を得て、滅せぬもののあるべしや」有名なシーンである。

信長はそのまま馬にとびのり、熱田神宮へ馬を走らせた。このときの軍勢はわずかに二百余。信長はここで無神論者の彼らしくもなく、願文を書き、祈願をこらしている。織田軍は熱田神宮で千ほどになり、海岸づたいに兵を進めた。途中はるか丸根、鷲津の方角に黒煙が立ちのぼり、物見が両砦の落城を伝えた。信長は数珠を鎧にななめにかけ、「みなの者、この信長に命をあずけよ」と叫び、配下の士気を鼓舞する。軍勢は三千人に達している。午前十一時ごろであった。

いっぽう義元は、この時間、田楽狭間と呼ばれる小さな盆地で昼食をとっていた。義元の本隊は約五千。これだけの人数が田楽狭間にひしめいていた。これを信長方の梁田政綱《やなだまさつな》が放った物見が発見したのである。信長が狂喜したことはいうまでもない。すぐさま田楽狭間へ全軍を進撃させた。距離は約六キロ。

ここで信長軍にとっては、じつに僥倖《ぎょうこう》ともいうべき事態が起こった。激しい夕立ちが降り始めたのだ。歴史に「もし」が許されるならば、このときもし夕立ちが降らなければ日本史は一変したであろう。激しい雨足が、信長軍をきびしい今川軍の監視から隠し、義元の本陣へ近づくことをゆるしたのだ。信長軍は山のなかの道なき道を踏みこえ、田楽狭間の背後太子《たし》ケ根《ね》の山上にたどりついた。幔幕《まんまく》でかこまれた義元の本陣は眼下にみえる。

午後二時。雨があがったのをみはからって信長軍は、義元の本陣に向かって逆落しに攻めかかった。今川軍にとっては、まったくの奇襲である。みるみるうちに大混乱におちいった。

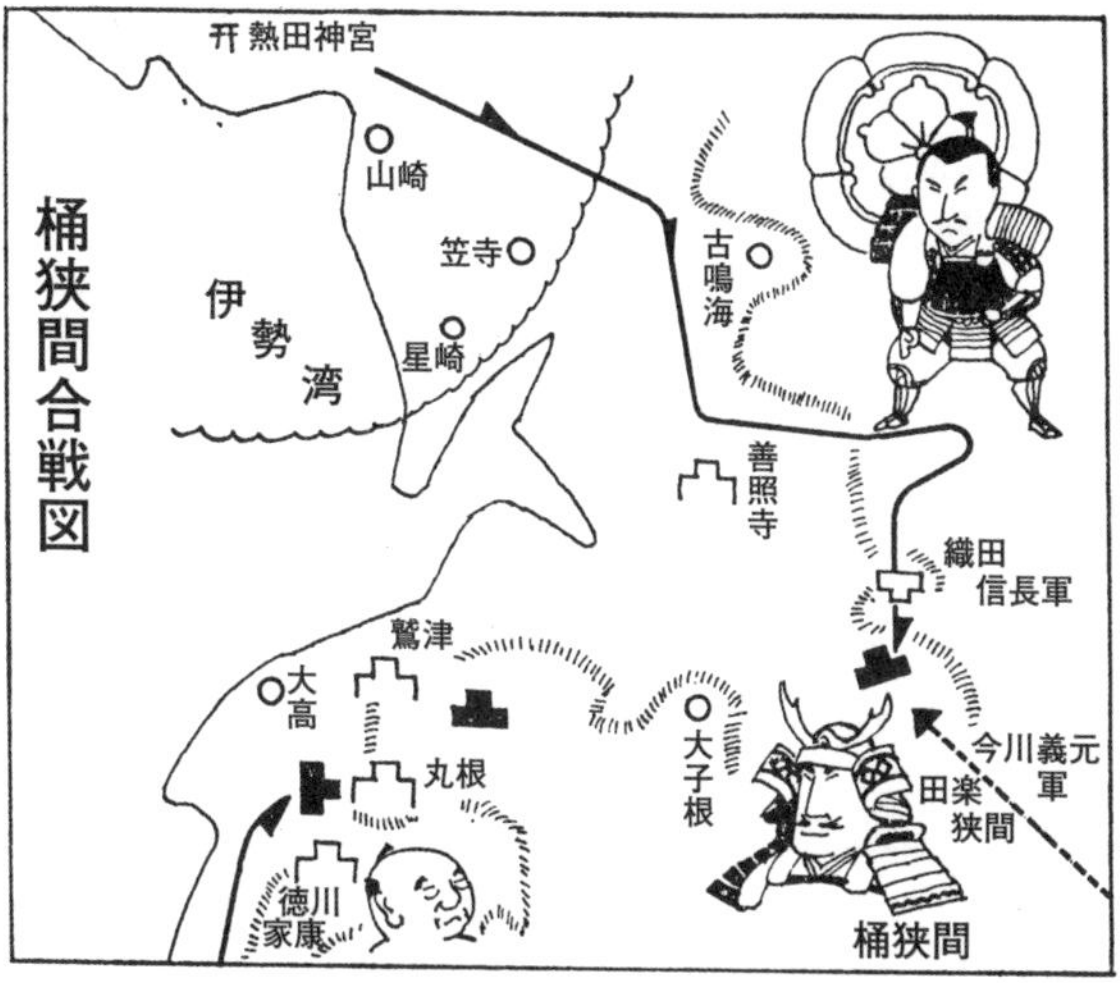

このとき義元は松の根元に坐って唖然としていた。そこに信長軍の服部小平太が近づき、三間半の長槍を脇腹に突き立てた。義元がそれを斬り飛ばし、さらに小平太の膝を斬ったとき、毛利新助がかけつけ、義元を組み伏せ首をかっさばいた。「東海の覇者」のあっけない最期である。おはぐろにそめた黒い歯のあいだには、食いちぎった新助の人差指が入っていたという。

こうして、圧倒的な不利を克服して、信長は勝利をおさめた。

しかし、それが即、義元の旧領を手に入れたことにはならなかった。合戦自体が守勢のものであったし、ただちに東海に攻め入ることは、当時の信長の実力からすればむりだった。とはいえ、今川義元という大領主を討ち取った事実は、一小国主にすぎなかった信長の勇名を一躍全国に鳴りひびかせ、天下を取る器量を万人に知らしめるには十分な効果をもっていた。

●川中島の合戦――信玄の「啄木《きつつき》戦法」に対するは謙信の「車掛りの陣」

戦国時代の代表的な合戦といえば、関ケ原や桶狭間などとともに、武田信玄と上杉謙信による川中島の合戦があげられる。沈着冷静な信玄、勇猛果敢な謙信と性格も対照的な両雄が、謀略や小手先の戦術を使わずに激突した国境紛争であるから、まさに戦国時代にふさわしい雄大な合戦といってよい。

しかし、この川中島の合戦については、その原因から戦いの様子、講和まで諸説入り乱れていて、なかなか実態をつかみにくい。

たとえば、信玄側の記録『甲陽軍鑑』と謙信側の記録『川中島五度合戦次第』とを比較した場合、合戦の起こった度数や年次にいちじるしい相違があるといった具合である。当時の文献自体がこういう調子なので、今日その真相を究明することはそうとう困難ではあるが、ともあれ、ここでは当時のさまざまな客観情勢などを考慮に入れながら、永禄四年（一五六一）の大決戦について記そう。

合戦場となった川中島は、甲府から百五十キロ、春日山城からは六十八キロのところにある、千曲川と犀《さい》川にはさまれた三角地帯の別名である。たび重なる合戦にさいして、かならずここが戦場にえらばれたのだが、それには、つぎのような理由があったからである。

(1)川中島は、甲府と春日山とを結ぶ道路上にある　(2)軍を展開するに適当な平坦地はここしかない　(3)謙信側にとって、ここ以南に進軍するのは、道路上の困難、距離の遠さなどの関係ではなはだ不利になる（ちなみに、両軍が春日山と甲府を同時に出発すると、謙信のほうが約四日早く到着する）　(4)春日山方面から関東方面に出動する場合、どの経路をとってもかならず川中島を通らなければならないので、戦略上確保しておかなければならない重要地点である。

このような、川中島がいつも戦場になった理由から推して、謙信は信玄に対して、一見ひじょうに受身の対応しかしていないようにみえるが、じつはそうではない。永禄以前の天文、弘治年間には、信玄の攻勢を川中島でくい止めておき、北越など他地方で十分な勢力を貯えておく。それが成就してのち、甲州方面に攻勢をかけようというのが、謙信の戦略上のねらいだったわけである。

このねらいを実行に移したのが、永禄四

年の合戦であるといえよう。八月十四日、謙信は一万三千の兵を率いて春日山城を出発した。この謙信出兵の報は狼火《のろし》や早馬で、信玄の本拠甲府へ急報された。時を移さず全将兵に召集がかけられた。そして十六日には早くも先発隊が甲府を出発している。

この日、謙信は川中島に到着し、善光寺に大荷駄《おおにだ》と五千人の兵を残し、千曲川を渡って貝津城（海津城）から約三キロの妻女《さいじょ》山《さん》に布陣した。妻女山は千曲川に突き出した丘である。いっぽう信玄は十八日に甲府を出陣し、二十四日妻女山の西方八キロの茶臼山に陣を取った。甲州勢は総勢二万人。貝津城と呼応して、善光寺と妻女山の連絡を断ち、妻女山の謙信を包囲する作戦である。

かくて千曲川をはさんで対峙すること五日間、双方とも満を持して放たない。しかし、二十九日にいたって、信玄は全軍を貝津城へ入城させた。善光寺と妻女山に逆包囲されることを嫌ったのである。こうして、また貝津城と妻女山の対峙が十日あまり続いた。謙信はいぜんとして妻女山から動こうとしない。

九月九日の夜半、ついに信玄は行動を開始した。信玄は軍を二分した。一万二千の別動隊で妻女山を背後から夜襲し、あわてて山を降る軍を川中島で信玄の本隊八千が待ち受けて撃滅しようというわけである。

軍師山本勘助の立案になるといわれる有

名な啄木《きつつき》の戦法である。これは啄木が木の中にひそむ虫を狙うとき、穴の裏側をコツコツとつつき、虫が驚いて穴から出たところを食べようというのだ。

この別動隊は高坂弾正、飯富《おぶ》兵部《ひょうぶ》、馬場民部らが指揮して先に出発、信玄は八千の軍勢をつれて千曲川を渡河、川中島に十二段にかまえた「鶴翼の陣」を展開した。旗指物が風になびき、どうどうの布陣である。

いっぽう妻女山の謙信は、九日の夕刻、眼下の貝津城から炊煙がしきりにあがるのをみて信玄の意図を看破し、その夜半、ひそかに川中島に向かった。信玄の本営に先制攻撃をかけようという作戦である。無人の山上には、かがり火をたき、旗を立てて敵をあざむき、南宮《あまのみや》の渡しで千曲川を渡りひそかに武田軍の前面にまわった。頼山陽が「鞭声粛々《べんせいしゅくしゅく》夜河を渡る」と謳ったのは、このときの凄絶な景である。

明けて九月十日。川中島は濃い霧につつまれていた。その霧のなかで信玄は、別動隊によって追い落とされてくる謙信を鳴りをひそめて待ち受けていた。やがて、その霧がしだいに薄らぎ、川中島が姿をあらわしたとき、信玄の前面には謙信の大軍が怒涛のように進撃してきていた。たちまち、川中島は両軍の壮絶な死闘の場となった。

このとき謙信は、「車掛りの陣」で、捨て身の短期決戦をいどんだ。

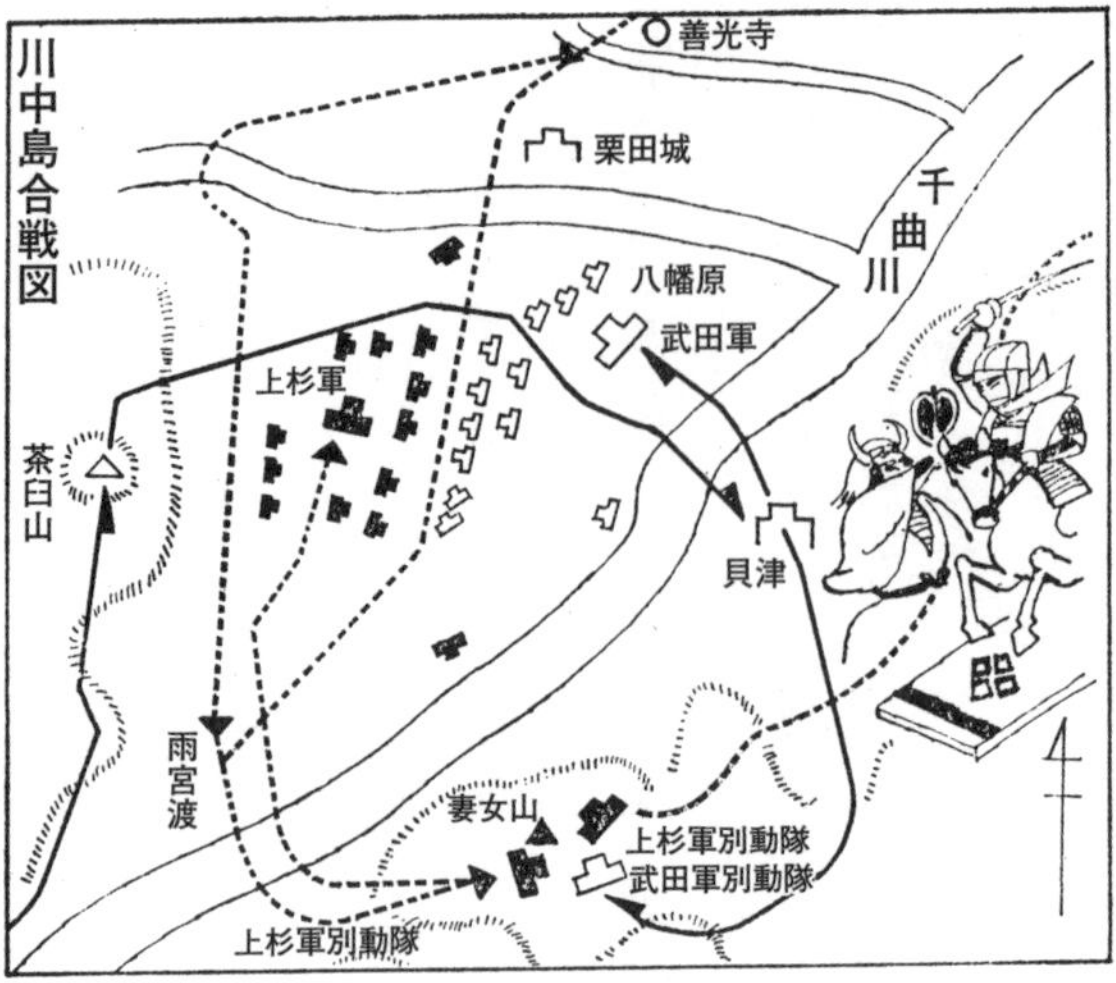

このため、信玄の陣もつぎつぎと突き崩れて、本陣さえ危くなった。信玄の弟武田信繁や諸角昌清《もろずみまさきよ》らの部将が壮烈な戦死をとげている。

この乱戦の最中、有名な信玄と謙信の一騎打ちがあったと伝えられている。手薄になった信玄の本営に、謙信が三尺余りの大太刀を抜き放ってただ一騎、斬りこんだのである。軍扇で防ぐ信玄に、謙信の太刀が食い込む。信玄、最大のピンチであったが、家臣原大隅守が謙信の馬を槍で突いたため、痛み分けとなった。なお、謙信側の『川中島五度合戦次第』によると、この一騎打ちは、天文二十三年（一五五四）八月に起こったとしている。

いずれにしても、すさまじい乱戦が展開された結果、武田軍の劣勢はおおうべきもないかにみえた。が、そのとき、妻女山にまわっていた別動隊がかけつけ、形勢は逆転してしまった。すなわち、この武田軍新手の逆襲には、上杉軍ももちこたえることができず、犀川を渡って善光寺方面に退却したといわれている。

この戦いの勝敗についても、さまざまな異説があるが、結果だけをみれば、謙信を犀川以北に撃退した信玄の勝利は明らかであるといえるのではなかろうか。

●姉川の合戦——側面攻撃で信長に敗れた浅井・朝倉勢

桶狭間で今川義元を破り、徳川家康と和平を成立させて東方の不安がなくなった織田信長は、目を西方に転じた。信長が京へ上る道を平定しておかねばならない。そこで問題になるのは、近江、越前方面である。さっそく、近江、小谷の城主、浅井氏に同盟を申し込んだ。そして自分の妹、お市を浅井長政のもとに嫁がせたのである。

この婚姻には、織田氏から「信長はかってに、浅井氏が父祖以来同盟を結んでいる越前の朝倉氏を、攻めないことを誓う」という一札が入っていた。ところが、織田と朝倉はかねてから犬猿の仲。元亀元年（一五七〇)、浅井氏への一札を無視して、信長は家康とともに若狭方面に出兵して、越前に圧力をかけた。朝倉氏との同盟を重視した長政は朝倉義景に協力して、その退路を断とうとしたので、信長は一旦撤兵する。そして、ふたたび出兵して、姉川の合戦が起こるのである。

元亀元年、六月中旬、信長と家康は岐阜を出発して、小谷城へ向かう。小谷城は平野のまっただ中に隆起するけわしい小谷山頂にある、典型的な山城で、難攻不落といわれている。信長は、この堅城を直接攻めることをせず、敵を外におびき出すことにした。城下の民家に放火して待ち構えていたが、敵はのってこない。

そこで、つぎのような戦略を用いることにした。

(1) 小谷山城を直接攻めることはやめ、いったん退却して川を渡り、左岸高地上にある横山城を包囲する。

(2) 横山城を救援するために、敵が小谷城から出てきたら、すぐにほこさきを転じてこれと決戦する。

この戦略どおり、二十二日に信長は退却して横山城を攻囲した。ようやく情勢がひっ迫してきたわけで、長政はこの報に接して援軍を送ることを決定する。というのも、横山城が落ちると、小谷城の四方を敵に取り囲まれてしまい、ひじょうに不利になるからである。そこで、この機会に決着をつけてしまおうというわけである。

長政は二十七日夜半、奇襲をかけるべく、城外、姉川の北岸に布陣する。信長は揺れ動くかがり火を見て敵の作戦を知り、姉川の南岸に布陣する。両軍の部署および兵力はつぎのようになっていた。

織田軍は、まず本軍が、第一隊、坂尚《さかひさし》（兵力約三千）、第二隊、池田信輝（約三千）、第三隊、羽柴秀吉（約三千）、第四隊、柴田勝家（約三千）、第五隊、森長可（もりながよし）（約三千）、第六隊、佐久間信盛（約三千）、本隊が織田信長（約五千）で、総勢約二万三千。横山城監視隊が丹羽長秀、氏家直元、安藤範俊《あんどうのりとし》（約五千）、支軍が徳川家康、稲葉通朝《いなばみちとも》（約六千）で、全兵力は約三万四千であった。

対する浅井軍は、まず本軍が、第一隊、磯野員昌（約千五百）、第二隊、浅井政澄（約千）、第三隊、阿閑貞秀《あかんさだひで》（約千）、第四隊、新庄直頼《しんじょうなおより》（約千）、本隊が浅井長政（約三千五百）で、総勢約八千。支軍は、第一隊、朝倉景紀（約三千）、第二隊、前波新八郎（約三千）、本隊が朝倉景健（約四千）で一万。全兵力は約一万八千であった。

いよいよ二十八日早朝より、戦闘は開始されるわけであるが、この合戦で特徴づけられるのは、正面攻撃より側面攻撃が功を奏した点である。正面攻撃では、浅井、朝倉側が織田、徳川側を圧倒していたが、いずれも側面からの攻撃を受けたとたん、も

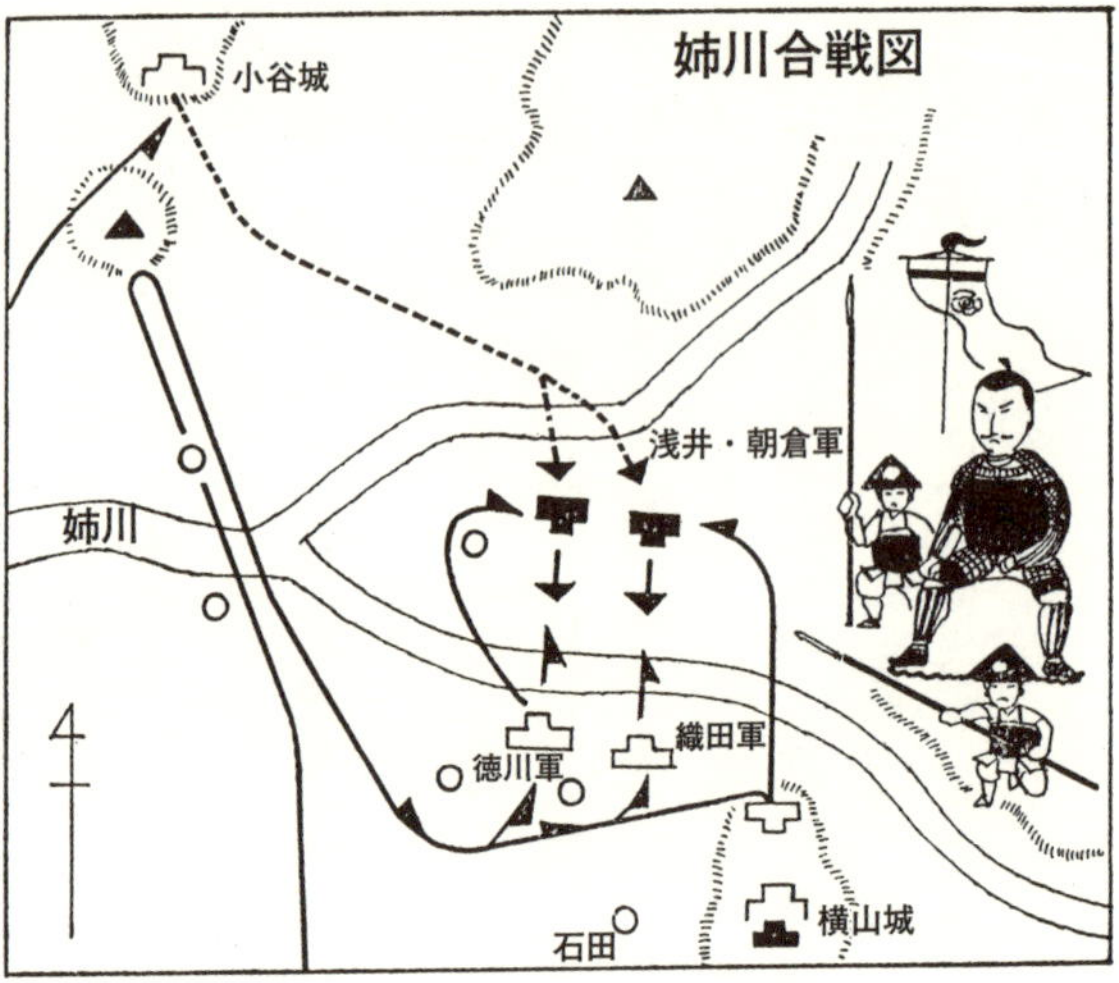

ろくも敗勢に陥ってしまったのである。
まず、午前五時ごろ、朝倉勢が徳川勢と激突する。大将の朝倉景健みずからが先頭に立って、徳川勢を圧倒、一時は家康の旗本（本陣）も危く、家康自身も槍をふるう場面があったが、榊原康政が朝倉勢の側面をついてからは一気に形成が逆転した。
いっぽう、浅井勢と織田勢の激突も同様であった。信長側の陣形は突き崩され、信長さえ危うかった。ところが、横山城を包囲していた氏家、安藤隊が浅井勢の左翼、徳川勢の稲葉隊が右翼をつくやいなやたちまち浅井勢は総崩れになってしまう。
こうして、信長は側面攻撃で長政を破ってしまうのだが、小谷城まで突き進むことは避けている。やはり、その堅固さにためらったのであろう。しかし、その後、数度にわたって小谷城を攻め、三年後には最終的に亡ぼしてしまうのである。

　なお、お市の方は三人の娘とともに、落城寸前に長政より信長に引き渡され、助かることになるのだが、長政のほうは自刃したのちも、信長によって、その首を金箔でぬりつぶしのちのちまでも辱めを受けたということである。信長の長政への憎しみがいかに強かったかをあらわすエピソードである。

●三方ケ原の合戦——信玄の強力な「車掛りの陣」には家康も完敗

　元亀三年（一五七二）といえば、信長はすでに上洛し、桶狭間、姉川などの合戦でつぎつぎと群雄を破り、天下の覇権へ驀進《ばくしん》しつつあった。とはいえまだほかの大名が天下制覇をねらう余地はあった。武田信玄も例にもれず、将軍足利義昭からの密書を受け取り、これまでの関東の王者から天下制覇へと志を転じている。信玄すでに五十二歳、その身は労咳《ろうがい》（肺結核）に蝕まれていた。すでに遅きに失した感があったが、この年の十月、三万余の大軍を引き連れ、上洛の途についた。

　途中まず最初に通るのは遠州（静岡県西

部）である。ここはもと今川氏の領地だったが、桶狭間で今川義元が倒れると、信長と家康が結託してしきりに侵していた。いっぽう信玄も西上の準備として遠州にしばしば兵を出していた。そのころ、この遠州では徳川家康が浜松城に拠を構えていた。また、信長は小谷城を攻めている最中だった。

そこで、信玄は総勢を三手にわけ、本隊は遠江方面、別動隊は三河方面と美濃方面へと進ませた。浜松の家康と小谷にいる信長を分断しようという作戦である。これには、姉川で敗れたとはいえ、まだ根強い力を保っている朝倉義景の援護が必要である。すなわち、信玄の西上を知った信長が美濃に撤退したら、北から朝倉、浅井勢が追撃し、東南方から北上してくる武田勢も加わって挟撃するつもりであった。そのために義景からは密書でオーケイの返事が来て、手はずも整っている。

三河口を進む山県昌景は長篠を通って家康側の野田城下を焼き払い、美濃口を進む秋山信友は信長側の岩村城を落とした。いっぽう、信玄は、天竜川のほとりにある二俣城を包囲した。二俣城は西に天竜川、東に二俣川を擁立する天然の要害で、城主中根正照らは善戦したが、武田勢が城内の水の手（水源）を断ってから苦境に陥り、ついに落城した。

信長は岩村城が落ちた時点で小谷を撤退

する。これを朝倉、浅井勢が追撃すれば、信玄の思惑どおりに事が進むはずである。ところが、あろうことか、朝倉、浅井勢は追撃もせずに兵をおさめてしまった。さすがの信玄もこれにはあきれはててしまったが、あとの祭り。とにかく西上を急ぐことが先決だから、浜松城など見向きもせずに進軍しようとした。

いっぽう、家康は信長の岡崎遷城のすすめを一笑に付し、信玄の行く手をはばむべく勇躍三方ケ原へと出陣する。三方ケ原は南北二里（約八キロ）、東西一里にわたる広い高原で、ここで待機の陣を敷いたのは、信玄軍の動静次第で有利な動きがとれるという家康の目算があったからである。

家康の布陣は鶴翼の陣。右翼は酒井忠次と織田の援軍、左翼は石川数正、小笠原長忠、松平家忠、本多忠勝など、それに家康は中央後方に待機して総勢一万余。これに対して、信玄は、縦型で進軍していた自軍を横に展開し、魚鱗《ぎょりん》の陣をしいた。第一陣は小山田信茂、山県昌景など、第二陣は馬場春信、武田勝頼など、第三陣は信玄、後陣は穴山梅雪。

十二月二十二日夕、信玄の第一陣と家康の右翼がぶつかったのを皮切りに、三方ケ原の合戦ははじまった。この合戦には、武田側の車掛りの戦法の強みがいかんなく発揮された。

すなわち、家康側の右翼と武田側の第一

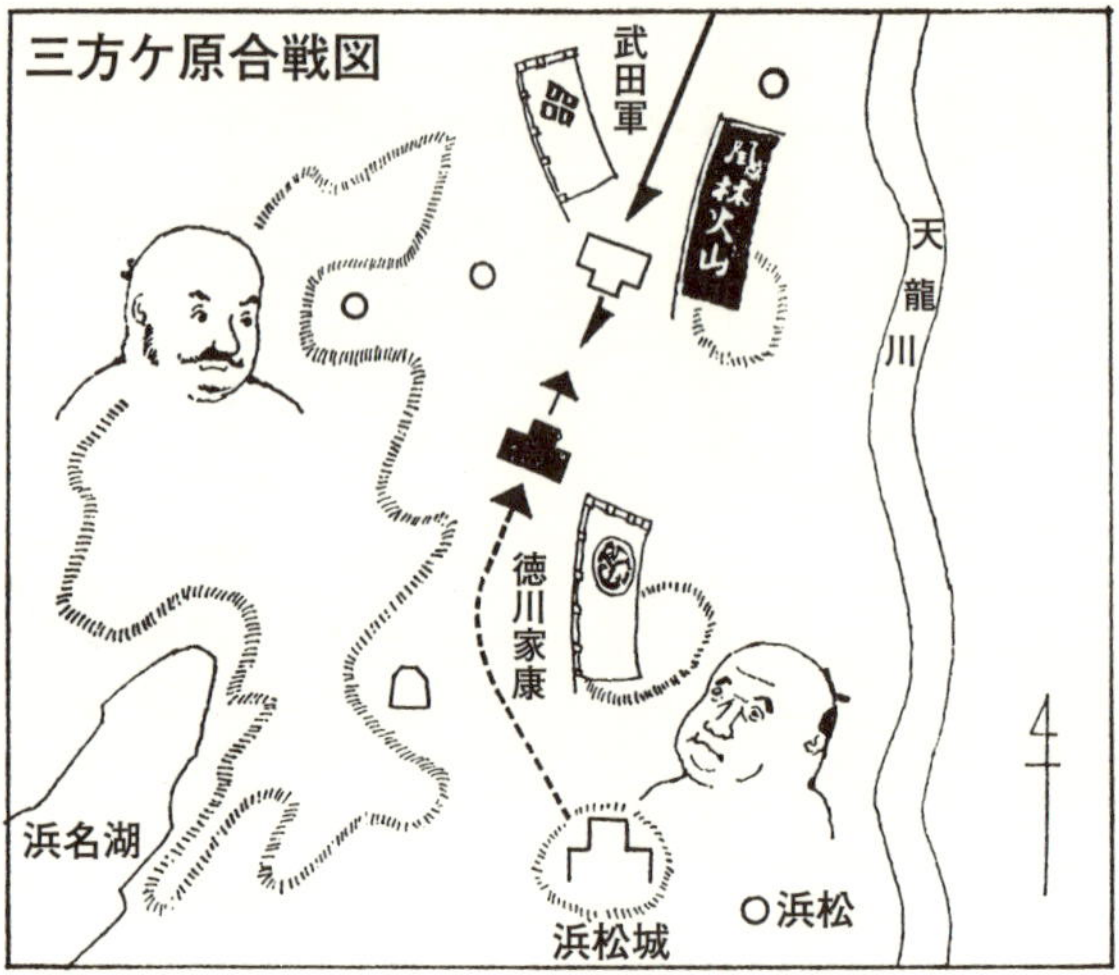

陣がぶつかり、武田側のつぶて作戦で家康側の右翼がくずれたので、左翼から石川数正が武田側に突入、撃退すると、すぐ武田の第二陣が前戦に出てきて、側面からも攻撃する。浮き足立った家康勢に、つづいていままで静観していた第三陣が襲いかかる。このため、家康勢は潰滅的な打撃をこおむった。

こうして、信玄はその騎兵団の力をいかんなく発揮し、勝利をおさめたのである。いっぽう、家康は、この武田のあまりの強さに逃げる途中、馬上で脱糞するほど恐れおののいた史実が、『国盗り物語』に取り入れられている。しかし、じっさいは冷静沈着で、首級をあげた家来に会うと「さきに城に帰って信玄の首を討ちとった」と言えと命令し、城内の戦意を高揚させたり、帰城するや大手門を大きく開き、かがり火をあかあかと燃やし、武田側にさも計略があるように見せかけるなど、抜け目ない手をそのあとで打っている。

三方ケ原で勝ち戦をおさめたあと、信玄は年を越してさらに三河にはいり野田城を攻め落とす。しかし、このころから持病の労咳が悪化し、西上の大望空しく甲府へ引き上げる途中、信州伊那の駒場《こまんば》で、天正元年（一五七三）四月十二日、五十三年の生涯を閉じた。遺言として、「三年のあいだ、わが喪を秘し、武田の旗を瀬田に掲げよ」と言い残したが、自分なきあとの武田家にまで思いをはせている点、いかにも軍略家信玄らしい。

いっぽう、家康は敗れたとはいえ、勇猛で鳴りひびいていた甲州軍にあえて戦いを挑んだ胆略を諸大名に認めさせたうえに、武田流の兵法を学ぶ機会を得たということで、名を捨てて実をとるという得な結果を得たのである。

●長篠の合戦――戦法の革命を招いた信長鉄砲隊の大勝利

信玄の死後、武田家は四男の勝頼が二十八歳でつぐことになった。「三年間喪に服し、みだりに出兵せず国を守れ」との信玄の遺言があったが、勝頼は父の死の翌年二月、

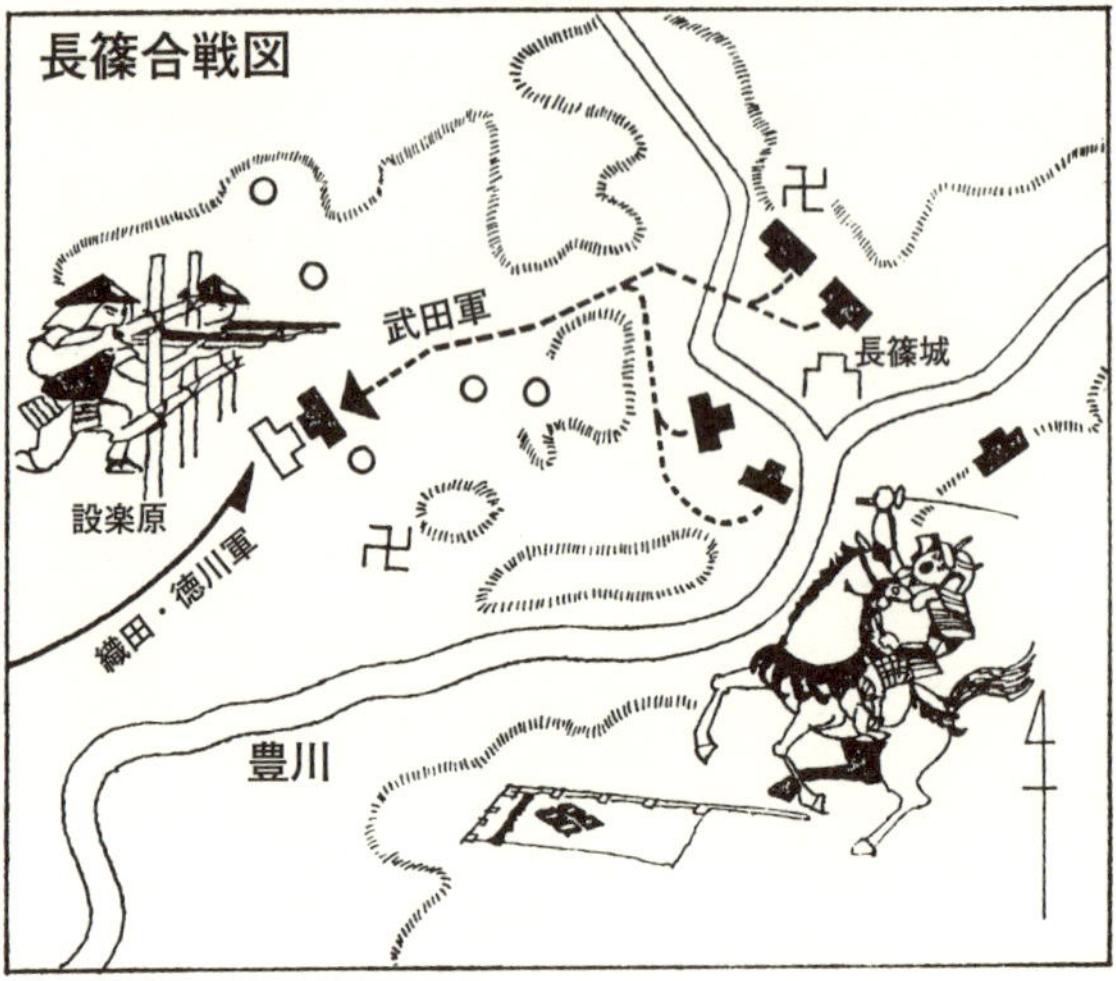

ただちに美濃に出兵し、三河を回って、遠州の高天神城をはじめ十指に余る城を攻略した。とりわけ、高天神城は信玄さえも落とせなかった城なので、勝頼は得意満面であった。

いっぽう、信玄の死は隠されているはずだったが、いつのまにか諸大名に洩れ、とりわけ、三方ケ原で惨敗を喫した家康はこの報に小踊りせんばかりに喜んだ。信玄の死後三カ月後の七月には、さっそく三河、遠州に兵を出し、二十日には長篠城を包囲した。この城は、ふたつの川が合流して、豊川になるV字地点にある。両川が天然の堀となり、一方は山に守られているという自然の要害であった。

ここを守っていたのは、武田側についていた菅沼正貞だったが、徳川勢の攻撃に落城してしまった。しかも、天文三年に入って家康は松平定昌を城主にした。この定昌はもともと武田方だったのが、徳川優勢とみるや家門を守るために徳川方にくら替えした人物である。

勝頼はすぐさま、一万五千の大軍をひきいて長篠城を攻めた。城中は五百くらいの小軍勢だったが、もぐら作戦で、城内に乱入、定昌側は天守閣に孤立することになる。ここで、有名な鳥井強右衛門《とりいすねえもん》が決死の使者をかって出て、援軍を要請。家康と信長は十三万の大軍をさし向けることになる。

勝頼側では軍評定が開かれて大もめにもめたが、けっきょく決戦を挑むことになる。すでに五月十八日、信長、家康勢は極楽寺や弾正山に布陣し、南北二十町余（二キロメートル以上）にわたって外堀を二重、三重に掘り、木柵を張りめぐらしてある。木柵で武田の騎兵団が行き悩むところを鉄砲で撃ち倒そうという作戦である。

勝頼は、二十日、その二百メートル手前に鶴翼十三段の陣をしいた。二十一日晴れわたった朝空を背景に、戦いははじまったが、信長の作戦はすべて図に当たった。すなわち、前に書いたように、信長側の鉄砲隊は、柵の後で三列に並び、一発めと二発めの時間を短縮して、たえまなく撃ちつづけた。このため、勝頼側はこの柵の防禦線を突破できず、退こうとすると、信長勢が出てくる。戦いを挑むと、柵の向こう側へ逃げこんでまた鉄砲が雨あられ。これではなすすべがない。戦線のいたる所で同様の光景が見られ、勝頼側は総敗北。追討をかけるように信長側の総攻撃。山県昌景、真田信綱、甘利信康、高坂昌澄など武田の勇将が相ついで討死した。信長、家康は三方ケ原の雪辱をはたしたのである。

このように、この戦は、合戦の戦法に画期的な変革をもたらした。新しい鉄砲隊戦法がいままでの騎兵中心の戦法を完全に凌駕し、以後の合戦の主流を占めるようになったのである。

戦国時代大全

著　者　稲垣史生
発行者　真船美保子
発行所　KK ロングセラーズ
東京都新宿区高田馬場 2-1-2　〒 169-0075
電話（03）3204-5161（代）　振替 00120-7-145737
http://www.kklong.co.jp
印　刷　（株）暁印刷　　製　本　（株）難波製本

落丁・乱丁はお取り替えいたします。
※定価と発行日はカバーに表示してあります。
ISBN978-4-8454-0991-4　C0221　Printed In Japan 2016